权威·前沿·原创

皮书系列为

“十二五”“十三五”“十四五”时期国家重点出版物出版专项规划项目

智库成果出版与传播平台

河南省社会科学院哲学社会科学创新工程试点项目

河南工业发展报告（2023）

ANNUAL REPORT ON INDUSTRIAL DEVELOPMENT OF HENAN (2023)

加快数字化转型

主　编／王玲杰　赵西三
副主编／宋　歌　刘晓萍

社会科学文献出版社
SOCIAL SCIENCES ACADEMIC PRESS (CHINA)

图书在版编目(CIP)数据

河南工业发展报告.2023：加快数字化转型 / 王玲杰，赵西三主编.--北京：社会科学文献出版社，2022.12
（河南蓝皮书）
ISBN 978-7-5228-1103-1

Ⅰ.①河… Ⅱ.①王… ②赵… Ⅲ.①地方工业经济-经济发展-研究报告-河南-2023 Ⅳ.①F427.61

中国版本图书馆CIP数据核字（2022）第215589号

河南蓝皮书
河南工业发展报告（2023）
——加快数字化转型

主　　编 / 王玲杰　赵西三
副 主 编 / 宋　歌　刘晓萍

出 版 人 / 王利民
组稿编辑 / 任文武
责任编辑 / 王玉霞
文稿编辑 / 白　银
责任印制 / 王京美

出　　版 / 社会科学文献出版社·城市和绿色发展分社（010）59367143
　　　　　地址：北京市北三环中路甲29号院华龙大厦　邮编：100029
　　　　　网址：www.ssap.com.cn
发　　行 / 社会科学文献出版社（010）59367028
印　　装 / 天津千鹤文化传播有限公司

规　　格 / 开 本：787mm×1092mm　1/16
　　　　　印 张：16　字 数：242千字
版　　次 / 2022年12月第1版　2022年12月第1次印刷
书　　号 / ISBN 978-7-5228-1103-1
定　　价 / 98.00元

读者服务电话：4008918866

河南蓝皮书编委会

主要编撰者简介

王玲杰 河南省社会科学院党委委员、副院长，经济学博士，二级研究员。享受河南省政府特殊津贴专家、河南省学术技术带头人、河南省宣传文化系统“四个一批”人才、全省百名优秀青年社会科学理论人才。主持国家级、省部级社会科学研究项目20余项；发表论文80余篇，出版著作20余部。

赵西三 河南省社会科学院数字经济与工业经济研究所副所长、副研究员，研究方向为产业经济，主持国家社会科学基金项目2项，发表论文40余篇，出版著作1部，获省级及以上社会科学优秀成果奖10余项，主持或参与区域发展规划20余项。

宋　歌 河南省社会科学院数字经济与工业经济研究所副研究员，主持省部级及以上课题6项，公开发表学术论文40余篇，主编和参编理论著作10余部，撰写决策咨询研究报告30余篇。

刘晓萍 河南省社会科学院数字经济与工业经济研究所副研究员，主持、参与省部级及以上课题12项，荣获省部级奖励5项，公开发表学术论文40余篇，主编或参与撰写学术专著16部，参与编制省级、市级经济和产业发展规划20余项。

摘　要

本书由河南省社会科学院主持编撰，主题为“加快数字化转型”，分析了2022年河南工业经济运行总体态势和主要特点，对2023年河南工业发展面临的形势进行研判，并对工业经济运行趋势进行预测和展望。全书分为总报告、专题篇、产业篇、区域篇、企业篇5个部分，从多个层面提出了加快河南工业高质量发展和数字化转型的思路和对策。

总报告由河南省社会科学院数字经济与工业经济研究所课题组撰写，代表了本书对2022~2023年河南工业经济运行态势与发展趋势的基本观点。报告认为，2022年以来，面临需求收缩、供给冲击、预期转弱三重压力，河南工业经济运行总体呈现“平稳开局、承压回升、高新引领、投资加力”的特点。预计2022年河南规模以上工业增加值增速为6.0%左右，2023年河南工业发展面临的内外部环境将更为复杂，预计规模以上工业增加值增速维持在6.0%左右，整体呈现“平稳增长、转型加速、创新活跃、质量提升”的发展趋势。

本书其余4个部分重点分析河南工业数字化转型的总体情况、行业特点、区域表现以及企业典型案例，阐述了河南工业数字化转型的成效、经验及存在的问题，对加快数字化转型提出了建议。专题篇从工业互联网、产业数字化、数字产业化、民营企业数字化、国有企业数字化、县域制造业数字化等角度展开研究，产业篇主要对数字核心产业发展、装备制造业数字化、新能源汽车数字化以及元宇宙产业发展等提出了建议，区域篇对郑州、洛阳、开封、新乡、商丘制造业数字化转型态势进行深入研究，企业篇对中信重工、许继集团等5家企业的数字化转型案例展开研究。

关键词： 河南工业　高质量发展　数字化转型　产业升级

目录

Ⅰ 总报告

Ⅱ 专题篇

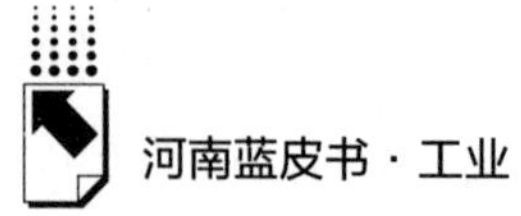

Ⅲ 产业篇

Ⅳ 区域篇

Ⅴ 企业篇

皮书数据库阅读**使用指南**

总报告

General Report

B.1

2022~2023年河南工业发展态势分析与展望

河南省社会科学院数字经济与工业经济研究所课题组*

摘　要： 2022年以来，面临需求收缩、供给冲击、预期转弱三重压力，河南工业经济运行总体呈现“平稳开局、承压回升、高新引领、投资加力”的特点。预计2022年河南规模以上工业增加值增速为6.0%左右，2023年河南工业发展面临的内外部环境将更为复杂，预计规模以上工业增加值增速维持在6.0%左右，整体呈现“平稳增长、转型加速、创新活跃、质量提升”的发展趋势。

关键词： 河南工业　高质量发展　数字化转型

* 课题组组长：赵西三，河南省社会科学院数字经济与工业经济研究所副所长、副研究员，研究方向为产业经济学。课题组成员：宋歌，河南省社会科学院数字经济与工业经济研究所副研究员，研究方向为产业经济学；刘晓萍，河南省社会科学院数字经济与工业经济研究所副研究员，研究方向为产业经济学。

2022年以来，面对新的战略环境，面临需求收缩、供给冲击、预期转弱三重压力，河南强化战略谋划，创新政策举措，围绕创新平台培育、数字化转型、优势产业转型、新兴产业突破、未来产业布局等出台了一系列规划、计划和方案，促进工业经济平稳运行，总体呈现"平稳开局、承压回升、高新引领、投资加力"的特点。

一 2022年河南工业经济运行态势分析

（一）生产总体平稳，增速承压回升

2022年1~9月，全省规模以上工业增加值同比增长6.0%，比前8个月加快0.3个百分点，高于全国水平2.1个百分点，这表明河南工业在各项政策措施逐步显效、同期基数偏低等因素共同作用下，已经开始企稳回升。2022年以来，通过深入推进"万人助万企"活动、加快梯次培育市场主体以及全面落实规上工业企业满负荷生产奖励等助企政策，全省工业企业产业链、供应链快速恢复，工业生产积极恢复、持续改善，尤其是5月以来回升态势明显，整体呈现"平稳开局、承压放缓、企稳回升"的"V"形发展态势（见图1）。

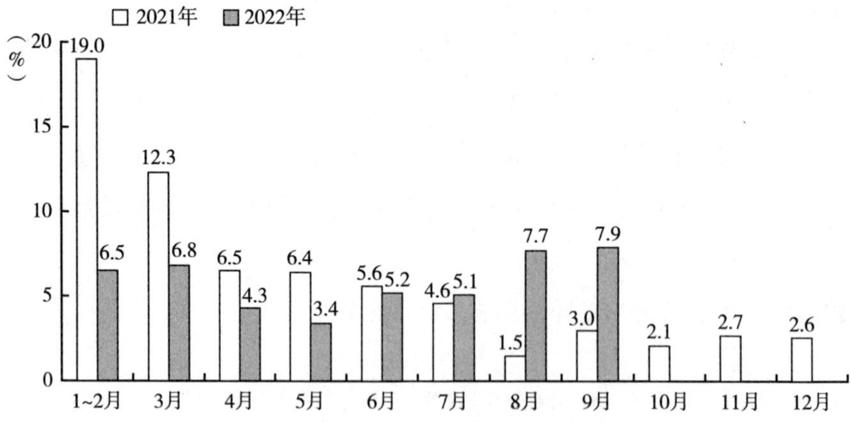

图1 2021年、2022年1~9月河南规模以上工业增加值月度增速

资料来源：河南省统计局。

站位全国来看，2022 年前三季度全国有 22 个省份规模以上工业增加值增速达到全国平均水平，河南居全国第 13 位（见表 1），在五大工业强省中居第 1 位，在中部六省中居第 5 位。从区域比较看，中西部地区增速最快，西藏、青海、山西规模以上工业增加值增速均超过 9%。河南与其他四大工业强省比，表现出较强的回升态势，但与中部其他五省比，工业经济恢复势头还不够强劲。

表 1　2022 年 1~9 月五大工业强省和中部六省规模以上工业增加值增速

单位：%

省份	增速	全国位次
广东	3. 4	23
江苏	4. 5	21
浙江	5. 4	19
山东	5. 3	20
河南	6. 0	13
湖北	7. 8	8
安徽	5. 8	15
江西	7. 4	10
湖南	7. 4	11
山西	9. 7	3

资料来源：根据各省统计局网站数据整理。

（二）高新产业引领，动能转换加快

受益于省委、省政府出台了一系列创新引领举措，尤其是省重点实验室、省中试基地、产业研究院、省级创新中心等载体的支撑作用逐步显现，河南工业新动能增势强劲。2022 年 1~9 月，高技术制造业一马当先，增加值增速达到 17. 5%，战略性新兴产业增加值增速达到 9%，对全省规模以上工业增加值的贡献率分别达到 32. 6%和 37. 8%，引领带动作用明显。聚焦具体行业，2022 年前三季度，40 个工业大类中 32 个行业规模以上增加值实现同比增长，增长面达到 80%。其中，电子信息产业受线上交流需求增加、部分新品上市等因素拉动，产品呈现量价齐升态势，增速达到22%。汽车及零部件行业在供应链快速修复拉动下，整体回暖，增加值同比下降8.9%，降幅较上半年收窄3.7个百分点。冶金、能源、轻纺、化工等传统支柱产业增加值分别增长8.1%、9.0%、1.3%和3.5%，比上半年分别加快4.3、2.2、1.7和0.6个百分点。

从产业结构看，2022年前三季度，战略性新兴产业、高技术制造业占全省规模以上工业的比重分别提高到25.1%和11.9%，分别增加1.6和1.0个百分点，产业结构持续优化。从产业营业收入占比看，2022年1~8月，传统支柱产业营业收入占全省比重居首位，为51.3%，五大主导产业、战略性新兴产业营业收入占比分别为47.5%和31.9%，高载能产业营业收入占比仍然达到40.5%（见表2）。由以上数据可以看出，虽然河南在不断加快发展战略性新兴产业和未来产业，但传统产业、高载能产业仍然在整个工业体系中占据较大份额。

表2　2022年1~8月河南主营业务收入指标构成

单位：%

类别	营业收入增速	营业收入占全省比重
传统支柱产业	13.3	51.3
五大主导产业	6.4	47.5
高载能产业	12.3	40.5
战略性新兴产业	9.3	31.9

资料来源：河南省统计局。

（三）数字产业集聚，“数转智改”提速

2022年以来，河南加快实施数字化转型战略，坚持硬件、软件双路突破，加快发展数字产业，强化数字技术和产业对制造业的赋能效应。在智能终端、智能传感器、先进计算、网络安全等领域强化优势，在量子信息、元宇宙、区块链等新赛道全力突破，成功举办第四届世界传感器大会，持续强化“郑

州传感谷”产业地标，举办首届 CCF 量子计算大会，落地首个元宇宙产业园，成功获批创建郑州国家区块链发展先导区，成立省科学院集成电路研究所完善半导体全产业链，建设南阳“光电产业谷”打造千亿级光电产业集群。河南不断加强数字经济发展平台建设，在全省范围内首次遴选认定 7 个省级数字化转型示范区、9 个省级未来产业先导区、9 家省级软件产业园区、15 个省级数字化转型服务中心，以生态环境改善助力数字产业加速集聚。

总体上看，河南制造业数字化转型从单点突破、示范试点向面上展开、体系融合迈进，智能制造、服务型制造加速推进，数字化引领、撬动、赋能作用凸显，数字生产力效能更加突出，“1+37”工业互联网平台体系初步形成。天瑞集团天信工业互联网成功入选工信部“双跨”平台，实现了河南工业互联网跻身“国家队”零的突破，钢铁、焦化、水泥等“两高”行业实施数字化转型项目 82 个。新业态新模式持续涌现，天瑞新登郑州水泥等 47 家企业被确定为 2022 年河南省服务型制造示范企业，中钢网等 6 个平台为 2022 年河南省服务型制造示范平台，安阳钢铁冶金产品智能化敏捷服务共享制造项目等 2 个项目为示范项目。

（四）成本有所上升，利润明显承压

2022 年以来，受美元波动和国际能源价格上涨等国际形势，以及国内新冠肺炎疫情多点频发带来的内需抑制叠加影响，河南工业企业普遍面临成本上升的压力，虽然营业收入延续增长趋势，但利润明显承压，呈现逐月收窄态势。2022 年 1~8 月，全省规模以上工业营业收入同比增长 9.6%，比全国平均水平高 1.2 个百分点；营业成本同比增长 10.3%，比全国平均水平高 0.6 个百分点；利润同比增长 4.6%，比全国平均水平高 6.3 个百分点（见图 2）。

与其他四大工业强省相比，河南工业企业效益改善明显，营收增速和利润增速位居前列；与中部其他五省相比，除了山西主要得益于煤炭、石油价格上涨带动营收、利润增速明显加快外，河南工业企业经济效益处于中上游水平（见表 3）。河南工业企业在国内外双重因素叠加影响下，依旧实现企业效益持续改善，这主要得益于河南在纾困助企方面实施的一系列政策举措。

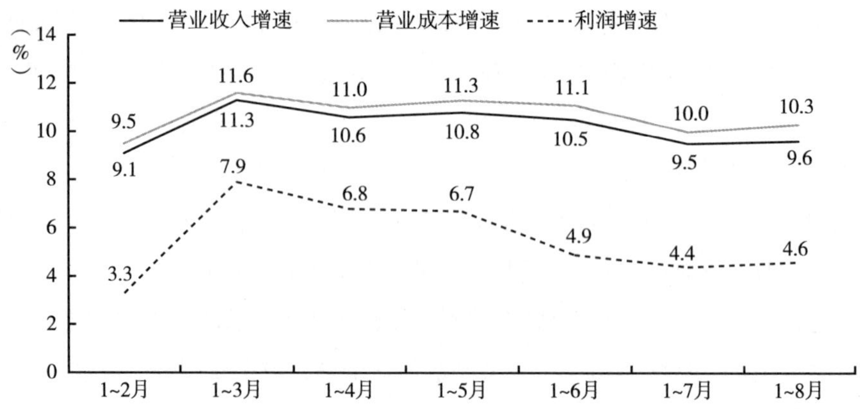

图 2　2022 年 1~8 月河南规模以上工业企业经济指标月度增速

资料来源：河南省统计局。

2022 年以来，河南围绕深入推进“万人助万企”活动，聚焦化解企业生产经营关键困难，累计组织产销、产融、用工、产学研“四项对接”活动 8700 场次，解决企业诉求 20016 个，解决率达 97.52%。通过加强重点地区、园区、行业、企业运行调度，向满负荷生产规模以上工业企业发放财政奖励资金近 6 亿元，在一定程度上缓解了企业生产成本上升压力，拓展了企业利润空间。

表 3　2022 年 1~8 月五大工业强省和中部六省规模以上工业企业效益指标

单位：亿元，%

省份	营业收入	营业收入增速	营业成本增速	利润增速
广东	115018.0	6.9	8.5	-10.4
江苏	102101.1	6	7.6	-13
浙江	69792.3	11.3	14.3	-13.4
山东	69752.0	5.3	6.3	-13.6
河南	38480.5	9.6	10.3	4.6
湖北	33402.8	12.2	14.3	-0.4
安徽	30880.3	8.3	10.5	-14.4
江西	29473.5	11.6	11.9	10.9
湖南	28028.4	11.1	12.3	0.1
山西	25415.6	31.2	31.1	60

资料来源：根据各省统计局网站数据整理。

（五）工业投资加力，发展后劲充沛

在“项目为王”理念和“三个一批”活动的强力拉动下，2021 年河南工业投资保持较高增长韧性，增速持续高于 20%。2022 年前三季度，全省工业投资同比增长 23.4%，高于全国 12.3 个百分点，较 2021 年同期提高 12.3 个百分点（见图 3）。其中，高技术制造业投资增长 34.9%，高于全国 11.5 个百分点，高于全省工业投资增速 11.5 个百分点，拉动工业投资增长 4.0%。技改投资同比增长 38%，高于全国 21.9 个百分点。从具体行业看，新材料、汽车及零部件、电子信息、轻纺、化工、食品、装备等产业投资分别增长 97.7%、59.5%、37.8%、34.0%、31.1%、26.3%和 23.9%，增速均不同程度高于全省工业投资。

省委、省政府围绕稳投资，聚焦“两新一重”、产业升级等重点领域，提早谋划储备重大项目，推动国家“十四五”规划工程 102 项、省“十四五”规划工程 51 项实现项目化、清单化，滚动实施补短板“982 工程”。与此同时，滚动开展三期“三个一批”活动，推动重大项目加快开工、建设、达效。2020 年 1~8 月，8000 个项目完成投资超 2 万亿元，其中 1959 个省重点项目完成投资超 1.4 万亿元，各类重大项目年度投资计划完成率达到 85%以上。工业投资的大幅增长表明“三个一批”活动正在快速见效，随着更多高科技项目和产业持续导入，全省工业发展将继续保持强劲动力。

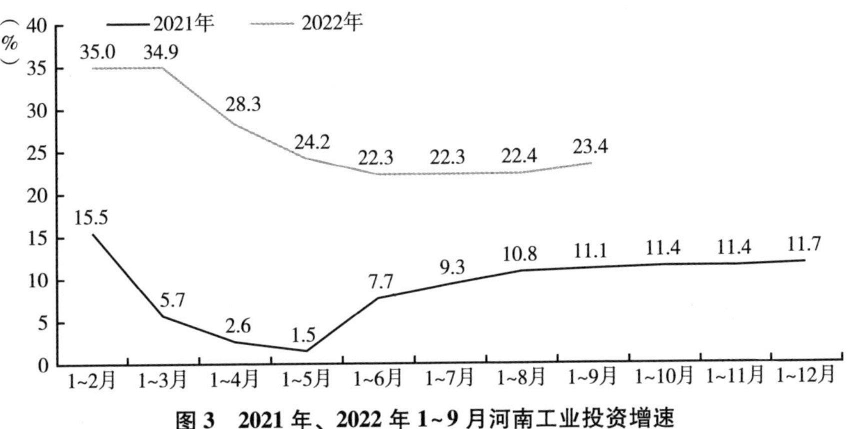

图 3　2021 年、2022 年 1~9 月河南工业投资增速

资料来源：河南省统计局。

（六）高端项目集聚，集群优势增强

河南省始终将培育壮大产业集群作为推动制造业高质量发展的重要抓手，河南省发改委公布“郑州经济技术开发区新能源及智能网联汽车产业集群”等首批15个省级战略性新兴产业集群，鼓励和引导地方加快推进战略性新兴产业发展。2022年5月，省政府出台《河南省制造业头雁企业培育行动方案（2022—2025年）》，引导各地积极培育一批头雁企业、形成十百千亿级企业雁阵集群。与此同时，坚持一群多链、聚链成群的发展方向，围绕电子信息、汽车制造等10个重大先进制造业产业集群及30个重点产业链培育提升，积极谋划推进高端项目建设，规模量产超聚变、新华三、华润数科等一批前沿高端技术项目，落户比亚迪新能源汽车、宁德时代新能源电池等一批重大标志性项目，持续提升集群优势。此外，省委、省政府高度重视产业载体建设，把开发区作为全省经济建设的主阵地、产业集群发展的主场地，进一步深化全省开发区改革，将全省开发区由288个整合为185个，推进开发区“三化三制”改革，推行“管委会+公司”管理模式，在顶层设计、制度保障等方面为开发区发展营造良好环境。

二　2023年河南工业发展环境分析与趋势展望

（一）2023年发展形势研判

总体上看，2023年河南工业发展环境的复杂性、严峻性和不确定性显著上升，工业经济运行面临的风险挑战甚于以往，但稳中向好的基本面不变。

2022年以来，全球经济增长遭受更大考验，气候异常、地区冲突、食品和能源价格飞涨、供应链中断、通货膨胀以及各国央行收紧货币政策等多

种因素，进一步遏制了全球经济的企稳回升。世贸组织不止一次提到全球经济存在衰退的风险，并不断下调全球经济增长预期。世贸组织于 2022 年 10 月初发布报告称，由于多重冲击对全球经济增长造成压力，2022 年下半年全球贸易将失去动力，2023 年全球商品贸易将大幅放缓，这有望缓解通胀压力，但会加剧全球经济衰退的风险。在此背景下，世贸组织预计 2023 年全球商品贸易量将仅增长 1%，对全球经济增速的预期则从此前的 3.2%下调至 2.3%。[①] 无独有偶，世界银行亦对全球经济增长持消极态度，认为 2023 年可能出现全球性经济衰退。全球制造业同样表现疲弱，2022 年 9 月全球制造业采购经理指数（PMI）为 50.3%，连续 4 个月环比下降，明显低于一季度（54.6%）和二季度（53%），创 2020 年 7 月以来新低，[②] 显示全球制造业增速逐季下探，意味着全球经济将继续保持低速增长趋势。从各区域来看，2022 年以来欧洲、美洲制造业增速明显放缓，尤其是欧洲，其制造业采购经理指数呈现断崖式下降走势，需求收缩、能源紧张以及货币政策紧缩等因素使欧洲经济面临前所未有的下行压力。欧美地区制造业增速出现较大幅度放缓是造成全球经济复苏稳定性趋弱的主要因素。从当前和今后一个时期来看，在气候异常和地缘政治冲突等因素影响下，原材料价格上涨，制造业产业链和供应链稳定性面临较大挑战，加之通胀压力上升带来持续加剧的需求收缩压力，全球制造业将整体处于下行周期，采购经理指数仍将保持在相对较低水平。

由于与全球经济深度绑定，我国亦面临较大的经济下行压力，但国内经济稳步向前趋势并未改变。进入 2022 年，地区冲突、大宗商品价格上涨、新冠肺炎疫情反复等国内外因素给我国经济修复进程带来新挑战，国内生产端和需求端规模均出现一定程度的收缩，工业生产走弱，中下游制造业企业面临较大经营压力。在这一背景下，我国政府运用多种政策工具稳中求进，力

---

① 《世贸组织预测 2023 年全球贸易增速大幅放缓》，新华网，2022 年 10 月 6 日，http：//m. news. cn/2022-10/06/c_ 1129052377. htm。

② 《全球制造业采购经理指数连续下降》，央广网，2022 年 10 月 6 日，https：//news. cnr. cn/native/gd/20221006/t20221006_ 526029040. shtml。

图实现既定的经济发展目标。不仅国家层面定调继续加大稳增长力度，各地也纷纷出台相应的稳经济、稳增长政策，使我国经济克服超预期因素不利影响，呈现企稳回升态势。2022 年上半年，中国 GDP 达到 562642 亿元人民币，同比增长 2.5%；不仅如此，2022 年前 7 个月实际使用外资达到了 7983.3 亿元人民币，与上年同期相比增长 21.5%。与此同时，在全球经济下行压力增大背景下，我国面临的海外需求开始回落，出口增速明显低于上年，但我国出口份额仍保持高位，出口表现超市场预期。根据世贸组织最新公布的全球 77 个主要国家出口数据，2022 年上半年中国出口额占全球（77 个主要国家）出口总额比重基本稳定，平均值接近 9.8%，高于历年同期均值。从各类出口产品占比看，2022 年以来原材料和中间品出口占比持续上升，且原材料和中间品出口增速持续高于整体出口增速（累计同比），这表明以部分能源、钢铝铜等生产资料为主的原材料和中间品对我国出口拉动效应明显。消费品出口虽然在外需回落影响下有所走弱，但汽车出口特别是新能源汽车出口成为拉动出口的重要力量。展望后续出口走势，尽管资本品、消费品出口增速持续下滑，但全球部分原材料供需失衡加剧，我国原材料和中间品出口占比将持续上升。在制造业发展方面，近年来我国新技术、新产业、新业态、新模式快速发展，“四新经济”、数字经济已成为我国经济发展的重要驱动力，制造业新旧动能转换将进一步向纵深推进。在当前阶段，制造业数字化转型将是增强制造业竞争力的主攻方向。

河南省经济运行承压波动，但整体呈恢复向好态势，工业经济迈入厚积薄发、加速崛起新阶段。2022 年初，在新冠肺炎疫情反复、经济增长下行压力持续加大、突发问题超出预期等不利因素影响下，全省部分主要经济指标增速出现不同程度放缓，规模以上工业增加值增速一度降至 3.4%。在这一背景下，全省各地及时落实党中央“疫情要防住、经济要稳住、发展要安全”重大要求，持续推进实施“三个一批”、“万人助万企”、“四个拉动”、“四保”管理等牵引性举措。2022 年第二季度以来，随着疫情防控形势持续向好和稳经济大盘系列政策加快落地显效，全省工业生产企稳回升，行业复苏态势良好，积极变化明显增多。进入第三季度，河南省委、省政府全力落实国务院稳经济接续政策，公布稳住经济大盘实施方案“升级版”，并要求“强化经济运行分析调度，强化助企纾困，深入开展‘万人助万企’活动”。2022 年 8 月，全省规模以上工业增加值同比实际增长 7.7%，工业指标企稳向好，工业经济发展总体呈现“V”形反弹态势。与此同时，河南着力突破工业发展中的瓶颈制约，工业发展环境不断优化。2018～2022 年，河南已连续举办 5 届中国·河南招才引智创新发展大会，5 年来累计签约各类人才 20 余万人，其中，硕博士和副高级及以上职称人才 9.4 万人，落地人才合作项目 2289 个。此外，印发《河南省人民政府办公厅关于推动豫商豫才返乡创业的通知》，明确支持豫商、农民工、科研人员、大学生以及退役军人返乡创业。高质量人才引进政策和创新创业项目落地，将为河南工业经济增长提供坚实人才支撑和智力保障。重点项目建设同样成效显著。2022 年以来，河南省通过不断深化“放管服效”改革，加快打造“六最”营商环境，持续推动“三个一批”项目建设。2022 年上半年，生态环保领域、产业转型升级领域以及创新驱动能力提升领域项目投资额领先，为全省工业经济增长提供了坚强的项目支撑。

（二）2023年发展趋势展望

预计 2022 年河南规模以上工业增加值增速为 6.0%左右。2023 年，经济增长的下行压力不容忽视，河南工业经济将承压前行，规模以上工业增加值增速预计仍维持在 6.0%左右，整体上工业经济将呈现转型加速、质量提升、稳中见韧、增长平稳等发展特征。从具体产业看，战略性新兴产业、高技术制造业将继续保持高速增长态势，占全省规模以上工业增加值比重将进一步提高，拉动工业经济增长的引擎作用将更加凸显；传统产业增速放缓，但冶金等原材料和中间品行业得益于出口拉动，有望实现高速增长；工业技术水平有望明显提升，高耗能产业占比将进一步下降，对工业增长的拉动作用将不断减弱。制造业数字化转型将进入加速推进阶段，企业“数转智改”进度加快，数字化应用场景将进一步扩大，数字化赋能制造业高质量发展成效初显。

三　持续推进河南制造业高质量发展的对策建议

未来一段时期是河南制造业迈高端、提能级、上台阶的战略关键期，面临新一轮科技革命和产业变革，面对“标兵渐远、追兵渐近”的竞争格局，河南仍需加力推进制造业高质量发展。

（一）在争取国家布局上持续加力

未来一段时期，全球科技与产业竞争更趋激烈，核心技术与高端产业必须依靠自身力量，国家会在战略科技力量与战略性产业布局上持续加大力度，各区域科技创新、新兴产业和未来产业发展面临巨大战略机遇。如在国家战略科技力量布局方面，2017 年，安徽合肥争取综合性国家科学中心落户，集聚 4 个国家大科学装置，引领高水平科技创新人才团队加速汇聚；2022 年 6 月，湖北武汉建设具有全国影响力的科技创新中心，成为全国第 5 个科技创新中心，国家脉冲强磁场实验装置、国家精密重力测量研究设施、脉冲强磁场实验装置优化提升等 5 个大科学装置进入国家规划。在战略性产业布局方面，江苏在类脑芯片、安徽在量子科技、湖北在集成电路、长沙在先进计算等高端产业布局上纷纷加力，争取国家级项目落地，抢占技术与产业发展前沿。河南也要聚焦重点领域实现突破，争创区域性科技创新中心，强化航空港经济综合试验区、国家自创区、自贸区等平台支撑，争取国家级平台、龙头型企业在河南布局，为主导产业发展储备策源项目，在未来区域产业竞争中抢占先机。

（二）在推进赛道转换上持续加力

新赛道代表产业发展新方向，成为区域产业竞争新焦点，各区域纷纷布局新赛道，再造新优势。河南在传统优势产业升级、新兴产业培育上潜力巨大，优势产业领域新旧赛道转换空间广阔，应加快推动河南更多优势赛道、特色赛道、细分赛道进入产业链中高端、价值链关键环。拓展产业新赛道要突出两条主线。一是把传统优势产业新赛道拓展作为主攻方向，河南省传统产业规模大、占比高，食品、材料、装备、服装、家居等领域规模与产业链优势明显。当前，新消费、新国潮持续涌现，数字与网络技术加速渗透，各细分领域均蕴含向新赛道拓展的潜力。近年来，各省传统优势产业围绕新技术、新消费涌现一大批新产品、新品牌，河南传统优势产业与新技术、新模式结合形成新赛道，把旧赛道上的基础优势转为新赛道上的新优势，更具地方根植性和核心竞争力。二是加快新兴产业和未来产业布局，尤其是在算力服务器、智能网联汽车、新型显示、生物经济、人工智能、元宇宙、区块链等产业领域，加快引进培育优质企业和科创团队，打造新兴产业发展带、未来产业先导区，抢占发展先机。

（三）在提升群链优势上持续加力

未来区域产业竞争更多表现为集群生态优势竞争。沿海地区制造业核心竞争力主要来自围绕高辨识度优势产业链集群形成产业生态，因此新技术、新业态、新企业成长的土壤丰厚，区域产业内生动力较强，如浙江制造业竞争优势主要来自特色明显的“块状经济”。河南已经形成部分优势产业集群，有些集群已经具有全国乃至全球影响力，但大多数集群存在聚而不链、断链缺链情况，尚未形成良好的产业生态，辨识度和竞争力不高，对产业链高端环节和价值链高附加值环节吸引力不够。河南要依托集群厚植产业生态，推动创新链、产业链、供应链、要素链、制度链五链耦合，培育优势产业集群生态圈，吸引相关产业链、价值链集聚，提升优势产业集群和标志性产业链核心竞争力，在细分优势领域占据发展前沿阵地，打造一批具有全国竞争力和国际影响力的先进制造业集群。推进建立重点集群产业链“群链长制”和产业链联盟“盟会长制”，强化产业链“挂图作战”，动态丰富重点产业链图谱，创新产业链招商模式，建强优势环节、补齐链条短板，实现全产业链优化升级。

（四）在深化“数转智改”上持续加力

未来一段时期，数字化转型、智能化改造是产业转型升级的逻辑主线。近年来，信息基础设施加速完善，新冠肺炎疫情倒逼企业向线上拓展，河南企业数字化转型积极性明显提升。河南应抓住战略机遇，在推动数字化转型、智能化改造上持续加力。一是推广“数转智改”成功案例，沿海地区已经形成系统的行业数字化转型方案，河南也有一批企业探索形成了符合行业实际的数字化转型方案，应选树一批标杆企业，加强案例分析研究，在同行业推广，降低数字化转型难度。二是培育工业互联网平台和产业大脑，支持龙头企业搭建工业互联网平台并向行业开放，集聚细分产业数据，形成产业知识模型，支持分行业开展“产业大脑”建设，探索“产业大脑+智能工厂”“产业大脑+产业链”“产业大脑+优势集群”新模式。三是探索建设产业数据价值化示范先行区，支持立足实际搭建产业数据平台，引导“链主”企业构建数据驱动、精准匹配、可信交互的产业链、共性链协同平台，深化上中下游企业协作，同步实现智能化升级。四是探索实施数据驱动的新品开发模式，推动研发模式向数据驱动转型，引导制造业企业与知名工业互联网平台、工业电子商务平台以及消费互联网平台合作，利用平台上的行业数据、知识库、模型库以及微服务组件等加快新产品开发。

（五）在强化设计赋能上持续加力

面对新一代消费者，河南制造业新产品不足、设计感不强，尤其是能够引领细分行业发展的新品、“爆款”不多，原因在于工业设计和文化创意等产业发展滞后，工业设计企业数量不足、活力不够，赋能制造业高质量发展能力不足，制造业企业普遍缺乏设计意识。一是加大设计创意集群引进力度，鉴于河南设计创意产业发展薄弱，建议积极引入沿海设计创意园区运营商，集群引入国内外设计创意品牌企业，形成“设计研发—产品打造—产品销售—产业孵化”全链条设计生态群落，共建设计创意“飞地园区”。二是培育设计创意专业园区，提升二砂工业遗址、芝麻街、瑞光创意工厂、油化厂创意园等创意园区发展能级，支持各地聚焦工业遗址转型“设计工坊”“创意工厂”，提高支持政策含金量，降低设计创意企业入驻成本，引导更多相关企业落地。三是创建省级工业设计示范基地，借鉴浙江工业设计与块状经济协同发展经验，依托主导产业突出、竞争优势明显的开发区，创建一批省级工业设计示范基地，给予一定资金支持，形成工业设计中心与优势产业集群协同发展格局。四是开展“1+1+10+50”河南制造业设计能力提升行动，即1家工业设计企业或1名设计师对接1个优势产业集群带动10家企业开发50个新产品，实现设计企业与制造企业深度融合。首批遴选10家工业设计企业作为试点，形成示范带动效应。

（六）在培育优质企业上持续加力

龙头企业数量与能级是区域产业竞争力的核心标志。整体上看，河南产业链带动力强的龙头企业数量偏少、规模不大，尤其是平台型、生态型、总部型、“链主”型企业不多，对产业链的整体掌控力不强。河南有23家企业进入中国制造业500强，在五大工业强省中仍居末位、差距较大。一是加大头雁企业培育力度，引导企业整合省内外产业资源做精做强，鼓励头雁企业紧扣价值链提升、供应链稳定主线，向中小微企业延伸产业链，形成更为紧密的合作关系，主动成长为“链主”型企业，支持头雁企业牵头设立创新联合体，牵头设立实验室、制造业创新中心、产业研究院、中试基地、工业设计中心等高端创新平台，引领技术创新和产业发展。二是培育壮大“专精特新”企业群，突出国家和省级“专精特新”企业培育，支持“专精特新”企业聚焦细分领域加快产品迭代、品类创造、“五基”突破，做深做强细分产业领域，打造一批带动产业升级的新产品，进入产业链的中高端、价值链的关键环，形成一批市场占有率高、创新能力强，具有产业链关键环节掌控力的单项冠军。

（七）在强化开放招商上持续加力

把开放合作、招商引资、招才引智作为推动制造业高质量发展的关键抓手，抢抓当前传统产业布局调整、新兴未来产业布局展开、科创机构布局优化的战略机遇，探索强化平台招商、基金招商、飞地招商、回归招商等新模式，吸引高能级产业平台、高端产业项目等落地。一是强化平台招商，借鉴安徽、江苏、山东等省创办世界制造业大会、世界智能制造大会、世界先进制造业大会的经验，创办国家级产业发展大会，引导各地依托优势产业集群创办细分领域产业大会和发展论坛，提升产业地标名片辨识度和影响力，如创办全球新算力生态大会，依托超聚变公司打造算力服务器产业集群。二是强化基金招商，借鉴重庆、安徽等地经验，用好政府引导基金和各类产业基金，吸引各类产业基金集聚，创新“基金+招商”模式，敢于在前沿科技、先进制造、未来产业等领域下先手棋，落地一批高端项目，带动形成新兴产业集群。三是强化飞地招商，引导我国沿海乃至全球优势园区、孵化器、加速器等在河南设立科创飞地、产业飞地，引进、培育、壮大特色产业集群。四是强化回归招商，吸引在外豫商豫才及豫籍大学生回乡创业，鼓励各地依托驻外办事机构和省外河南商会建立服务站，以商引商、以才引才，吸引更多豫籍人才回乡创业。

（八）在优化营商环境上持续加力

营商环境是形成区域竞争力的关键因素，随着制造业加速向高端化、智能化、服务化方向发展，高端产业、高端要素对软环境更加看重，营商环境的重要性更加凸显。河南仍需在优化营商环境上持续加力。一是提升产业治理水平，强化产业政策协同性，提升政策含金量，提高政策执行效率，形成政策合力。二是优化企业服务，搭建“秒报秒批”企业服务平台，汇聚国家、省、市、县（区）政策，探索设置“政策计算器”，针对条件明确、标准清晰、数据充分的政策事项，力争实现“秒报秒批”。三是滚动发布“免申即享”政策清单，平台通过数据比对，自动向各类企业精准推送可享优惠政策，实现从“企业找政策”向“政策找企业”转变，创造与先进地区同水平的营商环境，提升企业获得感，以一流营商环境吸引一流企业和要素集聚。

参考文献

中国信通院：《中国数字经济发展白皮书（2022年）》，2022年7月。

华为：《数字化转型，从战略到执行》，2022年4月。

李洪兴：《建设制造强国，把制造业做实做优做强》，《人民日报》2022年9月19日。

赵西三：《制造业高质量发展的强劲跃升》，《河南日报》2022年10月14日。

专 题 篇

Special Topics

B.2

工业互联网赋能河南制造业数字化转型研究

宋　歌*

摘　要： 数字经济时代，工业互联网成为制造业数字化转型的关键支撑。近年来，河南省持续推进工业互联网发展，在平台体系构建、重点平台培育、企业上云上平台以及工业互联网标识解析二级节点建设等方面取得一定成效。但全省工业互联网发展仍处于探索起步阶段，受工业互联网供给能力不足、中小企业大规模应用不足、人才储备不足以及产业生态不优等多重因素制约。建议通过完善顶层设计、深化融合应用、强化平台引培、健全保障体系等举措，充分释放工业互联网发展潜力，加快河南制造业数字化转型进程。

关键词： 工业互联网　制造业　数字化转型

* 宋歌，河南省社会科学院数字经济与工业经济研究所副研究员，研究方向为产业经济学。

伴随大数据、人工智能、区块链、云计算等新一代信息技术的日益成熟，工业生产的各类生产要素通过新兴信息技术实现连接，进而诞生了“工业互联网”这一新事物。作为数字经济时代各种新兴技术的集成与载体，工业互联网为制造业发展提供了新工具、新流程和新方法，它能够打通制造业产业链、价值链与创新链堵点卡点，打破企业间、行业间的物理边界和组织边界，进而通过数据采集、整合、挖掘、分析等功能，实现制造业数字化转型。正因如此，工业互联网成为当前世界各国应对数字经济发展、实现制造业转型的共同选择。

我国自 2013 年开始工业互联网的探索与应用，并于 2017 年将工业互联网发展上升到国家战略高度。2020 年以来，工业互联网在新冠肺炎疫情期间推进供需对接、企业复工复产方面发挥了重要作用，应用价值进一步凸显；同时，伴随数字经济发展对基础设施要求的提高，工业互联网作为“新基建”的重要组成部分再次被纳入国家战略布局重点，国内各地掀起工业互联网应用热潮。河南虽然是制造业大省，但制造业仍然“大而不强”，面临生产资源配置效率不高、传统发展动力不断减弱、粗放型增长方式难以为继等系列问题，亟待依托工业互联网为制造业数字化转型“赋能”，以加快数字经济时代制造业转型升级，推进河南制造业由大变强。

一　工业互联网的内涵

“工业互联网”的概念由美国通用电气公司提出。在 2012 年提出这一概念后，美国通用电气公司于 2013 年推出了全球第一款工业互联网平台产品 Predix，德国、日本及中国等相继跟进，欧美、亚太地区由此开启了探索与构建工业互联网的进程。[①] 总体上看，目前全球范围内还未出现处于绝对领导地位的工业互联网平台，全球工业互联网整体上处于发展初期。相对于其他国家，我国信息化水平相对落后，但由于起步早，在政府的大力推进以

① 工业互联网产业联盟：《工业互联网平台白皮书（2019）》，2019 年 5 月。

及龙头企业的积极参与下，工业互联网发展较快，几年间已从概念普及阶段进入实践、生根阶段，基本与国际同步。尤其是2018年5月以来，我国工业互联网政策密集发布，支持力度空前，体现了政府对发展工业互联网的高度重视及布局决心。

尽管工业互联网发展势头迅猛，但国内外对其概念及内涵的理解尚存在差异。美国通用电气公司在开发工业互联网之初提出，产业设备应该与计算、信息和通信技术融合，工业互联网是将人、数据和机器连接起来的开放而全球化的工业网络，其实质强调的还是工业与信息化的融合。[①] 随着工业互联网的发展，国内外一些研究机构、学者、企业基于自身观察对工业互联网进行解读。如，有观点认为，工业互联网的本质就是通过开放的、全球化的通信网络平台，把设备、生产线、员工、工厂、仓库、供应商、产品和客户紧密连接，共享工业生产全流程的各种要素资源，使其数字化、网络化、自动化、智能化，从而实现效率提升和成本降低。事实上，这一观点强调的是工业互联网平台的作用，直观描述了工业互联网平台作为底层基础设施，具有连接对象多元化、场景复杂化的特征。工业互联网平台作为工业互联网的核心载体，相当于工业互联网的“神经中枢”。虽然平台发展水平对工业互联网的推进具有决定性作用，但平台只是工业体系的操作系统，并不完全等同于工业互联网。

基于国内外工业互联网的发展实践，我国工业互联网产业联盟（AII）发布《工业互联网平台白皮书（2019）》，指出工业互联网作为新一代信息技术与制造业深度融合的产物，通过实现人、机、物的全面互联，构建全要素、全产业链、全价值链全面连接的新型工业生产制造和服务体系，成为支撑第四次工业革命的基础设施，对未来工业发展产生全方位、深层次、革命性影响。这一阐释是对我国工业互联网发展内涵的简要说明，强调了工业互联网对于工业应用的重大价值与意义。它不是平台，而是一个体系。它贯穿产业全生命周期，联接全要素，在工业与信息化深度融合的基础上，能够重塑

① 通用电气公司编译《工业互联网：打破智慧与机器的边界》，机械工业出版社，2015。

产业链、价值链以及创新链，形成产业发展新范式，实现制造业数字化、智能化升级。这一概念已在国内获得广泛认同。

从我国近年的发展实践看，工业互联网已广泛应用于石化、钢铁、电子信息、家电、能源、服装、机械、汽车、航空航天等领域，不仅涌现知名的通用型平台和垂直行业平台，而且工业互联网的赋能效应日益凸显，为我国制造业数字化转型提供了有力支撑。

二　河南省工业互联网发展取得的成效

近年来，河南省高度重视工业互联网发展，坚持网络、平台、应用三位一体推进，围绕顶层设计、产业培育、应用推广、生态构建等方面进行系统谋划和工作推进，在工业互联网体系建设与应用等方面取得阶段性成效。

（一）工业互联网平台体系初步建立

平台培育、建设是工业互联网发展的核心。河南省坚持重点培育与市场机制相结合，支持制造业头部企业、信息服务企业发挥技术和资源优势，培育建设本土工业互联网平台，积极打造以平台为核心的数字化赋能体系。截至 2021 年底，全省遴选综合性工业互联网平台培育对象 1 个，行业工业互联网平台 37 个（含省级工业互联网平台 13 个），初步建立了覆盖多个重点行业领域的“1+37”工业互联网平台体系，平台服务企业数量达到 4 万家，接入设备约 444 万台次，部署 App 1100 多个，平台总收入约 14 亿元。其中，由河南移动建设的全省唯一综合性工业互联网平台已上线运行两年，该平台围绕“5G+工业互联网”融合创新，为地市政府、产业园区和企业提供一站式赋能服务，已输出 18 个细分行业解决方案，打造了“无人矿山”等国内首创解决方案。截至 2022 年上半年，该平台已上线工业 App 60 个、机理模型 79 个，覆盖新材料、装备制造、冶金等十大行业。在打造综合应用平台的同时，垂直行业工业互联网平台建设也取得积极进展，目前已在原材料、矿山装备、起重装备、智能农机、煤焦化、智能传感、盾构装备、建筑材料、节能环保等多个领域建成一批细分行业工业互联网平台。各地也围绕地方特色优势产业，积极推进特色领域工业互联网平台建设。例如，洛阳市依托优势产业打造了轴承、耐火材料等工业互联网平台，周口市针对锅炉行业建设了锅炉行业远程运维工业互联网平台，南阳市则围绕防爆产业打造了基于防爆行业的协同制造平台。

（二）重点工业互联网平台建设取得突破

为加快平台这一核心载体建设，河南省对工业互联网平台进行梯次培育，在政策扶持下，一批依托龙头企业重点培育的工业互联网平台快速崛起。2018 年 10 月，河南省启动省级工业互联网平台培育工作，并确定了首批培育对象，培育期设定为两年。2021 年 4 月，卫华集团承建的起重物流装备行业工业互联网平台、中信重工承建的矿山装备工业互联网平台、天瑞集团信息科技公司承建的天信工业互联网平台通过考核验收，被正式认定为河南省工业互联网平台。2022 年 5 月，由天瑞集团孵化的天信工业互联网平台入选国家跨行业、跨领域工业互联网平台，实现了河南省“双跨平台”零的突破。“双跨平台”代表国内工业互联网平台发展的最高水平，是工业互联网平台技术突破、应用赋能的标杆。截至 2022 年上半年，天信工业互联网平台已研发工业机理模型 941 个，上线工业 App 852 个，其云服务能力已覆盖安全生产、节能减排、质量管控、供应链管理、研发设计、生产制造、运营管理、仓储物流、运维服务九大领域，实现了在水泥、煤焦化、石化、电力、钢铁、煤炭、铝业等数十个行业的应用。该平台数字化赋能效应明显，其服务的工业企业客户中，有 1 家水泥企业入选工信部智能制造试点示范企业，1 家水泥企业获评省级智能制造标杆，20 家企业入选省级智能工厂。

（三）企业上云上平台稳步推进

在推进工业互联网发展过程中，河南省遵循“建用并举”原则，积极推进工业互联网平台应用，构建企业上云上平台服务生态体系。为加快企业数字化转型进程，河南引导省内工业互联网平台向中小企业开放，并针对企业数字化、网络化、智能化转型提供相关云化应用和服务，吸引国内知名工业互联网解决方案提供商在河南落地或开展合作。同时，组织开展企业上云服务商遴选，建立了河南省企业上云上平台供给资源池。近年来，已确定46家全国知名云平台服务商，培育25家河南省内企业与云平台服务商建立授权关系，面向河南省内企业提供技术服务；拓展20家省内云应用服务商，作为云平台服务商的本地生态合作伙伴，重点为企业上云上平台提供规划、设计、实施、验证、运维等方面的服务，着力构建企业上云上平台服务生态体系。截至2021年底，全省累计有上云企业15.5万家，其中新增上云企业5.2万家，有效加快了中小企业数字化转型步伐。

（四）工业互联网标识解析二级节点建设有序展开

工业互联网标识解析体系是工业互联网的核心基础设施，该体系旨在打破信息孤岛，实现各个要素、系统之间数据与信息的互联互通，为数据分析应用奠定基础。近年来，河南省加快工业互联网标识解析二级节点建设，积极向上对接标识解析国家顶级节点、向下对接企业标识节点及应用系统，以促进跨企业信息共享和信息交易，加速传统产业数字化转型。截至2021年底，河南省建立工业互联网标识解析二级节点5个，其中接入国家顶级节点的二级节点4个（郑州二级节点正在建设中），分别是洛阳、漯河、许昌、新乡。上述二级节点标识注册量累计达1106万个，标识解析量达2344万次，接入企业节点数量22个。其中，洛阳建成全省首个工业互联网标识解析二级节点，近年来标识注册量达800万个、解析量达1600万次；漯河建成的食品行业工业互联网标识解析二级节点是全国首家食品行业标识解析综合型二级节点，该节点有力促进了优质资源及食品行业上下游产业链的整合，目前服务企业387家，实现产品标识注册量1100余万个、解析量170万次。许昌工业互联网标识解析综合型二级节点正在积极筹划标识解析二级节点创新应用，推进实施了“许昌市工业互联网二级节点深化合作服务”“5G搅拌行业工业互联网平台建设”等多个项目。新乡市工业互联网标识解析综合型二级节点于 2021 年 10 月上线，于 2022 年 6 月实现与国家顶级节点的连接，该节点将带动新乡及周边城市各产业、上下游企业加入国家工业互联网标识解析体系，助力新能源电池、食品加工、装备制造等传统优势产业加快数字化、智能化进程。

（五）工业互联网发展环境日益优化

工业互联网发展是一项系统工程。面对工业互联网发展的强劲势头，河南省加大政策扶持力度、加快网络基础设施建设，着力营造工业互联网发展良好环境。一是印发《河南省"十四五"数字经济和信息化发展规划》《河南省实施数字化转型战略工作方案》等文件，对全省工业互联网发展进行顶层设计，各级政府也纷纷立足实际出台相关文件，对地市工业互联网相关平台建设、要素保障、重点项目等进行统筹谋划，全省自上而下支持工业互联网发展的政策体系日益完善。二是河南以通信网络设施、算力基础设施、融合基础设施建设为重点，积极推进数字基础设施建设，为工业互联网发展提供"硬支持"。根据国家互联网信息办公室发布的《数字中国发展报告（2021 年）》，河南通信网络设施建设多个指标跃升行业前列，在数字基础设施建设领域已进入全国第一梯队。此外，河南积极完善算力基础设施布局，不仅建设了一批新型数据中心，还在规划部署边缘数据中心等。三是为强化工业互联网安全保障体系建设，2021 年、2022 年，河南省工业和信息化厅、河南省教育厅、河南省人力资源和社会保障厅等多个部门连续两年联合举办工业互联网安全职业技能大赛，不仅推动了工业互联网安全技术技能人才的培养和选拔，而且提升了区域工业互联网网络、平台、数据安全防护能力。

三　河南省工业互联网发展面临的制约因素

河南省工业互联网赋能效应逐步显现，为制造业数字化转型提供了有力支撑。但全省工业互联网发展整体处于起步阶段，仍在技术创新、要素积累、融合应用、产业生态等方面面临一系列制约因素。

（一）工业互联网平台供给能力不足

一是大型、综合性工业互联网平台数量相对较少，部分地市综合性工业互联网平台尚在建设中。近年来，省内工业互联网平台数量不断增长，但以垂直领域、细分行业工业互联网平台为主，应用场景相对单一，综合能力欠缺，为企业提供的多是通用型解决方案，无法满足企业和行业的个性化、一体化需求。二是部分工业互联网平台重视工业数据采集，但数据分析能力不足，缺乏数据分析技术与人才，面对海量工业数据无法进行高水平建模与分析，反而因数据过度采集造成存储负担。三是工业互联网平台开发创新能力不足，核心软件技术研发能力弱，操作系统、中间件、数据库等基础软件领域存在空白，工业控制、计算机辅助设计、计算机辅助工程、App 开发等工业软件研发能力偏弱。四是一些工业互联网平台核心业务仍集中在设备远程监控运维服务等领域，对研发设计和制造等重要领域的应用开发不足。

（二）中小微企业大规模应用不足

在河南占比超过 98%的中小微企业，面对工业互联网普遍存在“不会用、不敢用、用不起”的现象。一是大多数中小微企业对数字化转型存在认知偏差，对工业互联网的内涵了解不深、规律把握不准，对工业互联网带来的新应用、新模式认识不清，对工业互联网应用积极性不高。二是很多中小微企业对数字化发展形势整体认知程度较低，对自身数字化需求不清晰，而市场上的软件、大数据、云计算等各类业务服务商良莠不齐，缺乏行业标准，企业选择难度较大。三是受制于担心数据安全、人才资金短缺等因素，广大中小微企业对应用工业互联网或尚存疑虑仍在观望，或有心无力难以推进。

（三）工业互联网人才储备不足

面对制造业数字化转型的迫切需求，企业对工业互联网人才的需求也在持续增加。据中国工业互联网研究院统计，2022 年我国工业互联网产业人才缺口数量将达到 168 万人。工业互联网作为信息技术与制造业深度融合的产物，涉及多个学科领域，如通信、机械、大数据、电子等，对人才特别是一线产业工人的数字素养和综合技能提出了更高要求。河南地处内陆地区，一方面开设工业互联网专业的本地高校尚不多，另一方面本地高校新培养的数字人才面临收入低、房租高等现实问题，大部分选择到深圳、北京、杭州等地工作，存在用人、留人难题。同时受产学研用环境、人才激励机制等因素影响，省内各地对北京、上海、深圳、杭州等先进地区的高端数字人才吸引力不够，高学历、高职称数字人才引进难度大。

（四）工业互联网产业生态不优

“筑生态”是我国推进工业互联网发展的重要内容之一。近年来，河南省工业互联网平台数量不断增长，但开放合作、共享共赢的产业生态尚未形成。一方面，省内各地市各行业工业互联网平台良莠不齐，平台壁垒严重，由此造成区域、行业及企业间的数据资源仍存在孤立、分散、封闭等问题，数据价值无法释放。另一方面，部分企业开发工业互联网平台，但服务对象仅限于自身或合作伙伴，无法真正实现产业链上下游数据的互联互通，既不能发挥工业互联网平台的作用，又造成资源浪费。

四　工业互联网赋能河南制造业数字化转型的对策建议

对于河南省来说，制造业的传统竞争优势正在逐渐弱化，新竞争优势尚未形成，制造业高质量发展的需求极为迫切。作为制造业数字化转型的抓手，工业互联网关乎制造业高质量发展，政府、行业、企业应协同推进工业互联网深化应用，释放工业互联网叠加效应、聚合效应、倍增效应，加快河南省制造业数字化转型进程。

（一）完善顶层设计，统筹推进工业互联网向纵深发展

近年来，河南省各级政府先后推出多个相关政策文件，初步形成工业互联网发展的顶层设计，但是面对工业互联网快速发展过程中逐步显现的系列问题，仍需围绕重点领域进一步完善工业互联网发展的顶层设计。例如，在产业生态体系建设方面，着力整合省内工业互联网平台资源，积极促进不同领域企业深度合作、大中小企业跨界融通、区域优势互补、跨行业跨领域多平台互联互通，打造区域、行业、企业协同发展的全省“一盘棋”格局；在政策扶持方面，着力解决企业在工业互联网平台建设、融合应用过程中面对的资金、人才等问题，集中优势资源支持工业互联网快速发展。

（二）坚持企业主导，深化工业互联网与制造业融合应用

目前，河南还有大量中小企业尚未实现上云上平台，工业互联网应用的广度与深度亟待提升。一是建议各级政府通过财税支持、政府购买服务等方式鼓励中小企业业务系统向云端迁移。二是强化对中小企业应用工业互联网的指导，帮助企业确定数字化转型的难点、痛点，按照从自动化到智能化、从单点智能到全局智能的顺序，推动中小企业逐步逐级进行工业互联网探索应用。三是深入分析各个赋能平台的主要服务、解决方案，有针对性地开展匹配研究，帮助企业选择合适的服务商和转型产品，引导企业把基础设施、设备、管理系统等向云端迁移。四是进一步健全省市两级示范体系，围绕重点行业筛选培育一批融合发展新模式新业态标杆企业，鼓励企业争当工业互联网建设应用示范，发挥标杆示范引领作用。

（三）强化平台引培，坚持“建平台”“用平台”协同推进

在实现工业互联网深入应用的同时，河南应继续遵循“建用并举”原

则，加快引进、培育、集聚、链接一批工业互联网平台。目前，三一重工根云平台、阿里云等已经落地，河南也相继公布了一批工业互联网平台培育名单。下一步是在继续引进大型工业互联网平台的同时，以天信工业互联网平台为标杆，通过政策引导、财政扶持等措施培育更多能够进入“国家队”行列的跨行业跨领域工业互联网平台；鼓励行业优势企业自主研发适合本行业或本区域的特色工业互联网平台，加快构建量大面广的行业级工业互联网平台体系；鼓励优势企业或平台积极开发基础共性、行业通用和企业专用工业 App，培育智能制造生态。总之，未来的企业要么自己建平台，要么接入一个平台，对于河南来说，制造业企业应积极接入消费互联网平台和工业互联网平台，消费品行业企业应积极接入消费互联网平台，产业链中上游企业可以接入工业互联网平台。

（四）健全保障体系，营造工业互联网良好发展生态

工业互联网的发展离不开人才、技术、政策等资源要素的保障。河南要在产教融合、产才融合以及人才政策创新等方面下功夫，加快培育、引进一批既具有现代工业技术技能，又掌握工业互联网、人工智能、大数据等新一代信息技术的复合型、创新型高技能人才，培养一批“数字工匠”；要在升级改造、平台建设、科研攻关等方面对企业给予政策倾斜，特别是加大对中小企业的支持力度，针对数字化转型推出系列普惠性服务政策；要强化设备、网络、数据安全，围绕技术、管理、标准、政策法规等方面完善网络安全保障体系，确保数据采集、交换、处理、分析、治理、应用全生命周期的安全。

参考文献

李颖：《全球工业互联网发展实践及启示》，《中国工业报》2019 年 2 月 19 日。

李海花、期治博：《工业互联网标识解析二级节点建设思路》，《信息通信技术与政

策》2019 年第 2 期。

河南省通信管理局、河南省互联网协会：《2021 河南省互联网发展报告》，2022 年 6 月。

宋歌：《以工业互联网助推中国装备制造业高质量发展》，《区域经济评论》2020 年第 4 期。

B.3
数字化转型背景下河南现代服务业与先进制造业融合发展研究

林风霞*

摘　要： 近年来，河南积极实施数字化转型战略，数字技术创新为河南现代服务业与先进制造业深度融合发展提供了内在驱动力，服务型制造、服务衍生制造等融合发展新业态新模式持续涌现。但由于数字经济发展尚处于起步阶段，数字化转型对现代服务业与先进制造业深度融合发展的催化作用尚未得到充分发挥。河南需要以数字化转型战略为抓手，加速推动现代服务业与先进制造业深度融合。

关键词： 数字经济　“两业”融合　服务型制造　高质量发展

在数字化转型背景下，河南推动现代服务业与先进制造业深度融合发展是顺应新技术场景变化、加快产业组织变革、培育现代产业体系的必然选择，是深化供给侧结构性改革、增强制造业核心竞争力、实现区域经济高质量发展的迫切需要。现代服务业与先进制造业深度融合发展由产业分工深化、科技革命和制度变革等因素推动，经过技术渗透、链条延伸、内部重组等途径，形成新业态新模式，打破原有产业边界，形成现代服务业和先进制造业相互支撑、融合互动、高效协同的动态演进模式，最终实现现代服务业

---

* 林风霞，河南省社会科学院数字经济与工业经济研究所副研究员，研究方向为产业融合和产业升级。

和先进制造业共同提质增效。当前，数字技术加速向经济、社会各领域渗透，不断催生新业态新模式，为现代服务业与先进制造业深度融合发展提供了内在驱动力。近年来，河南“两业”融合试点初见成效，融合发展的新业态新模式持续涌现。但是与先进地区相比，河南“两业”融合发展的速度、范围、深度和水平存在明显差距，数字化转型对现代服务业与先进制造业深度融合发展的催化作用尚未得到充分发挥，融合发展能效没有充分挖掘，一定程度上制约了河南经济的高质量发展。因此，以数字化转型战略为抓手，加速推动河南现代服务业与先进制造业更快速度、更广范围、更深层次、更高水平融合，对全面开创新时代社会主义现代化强省建设新局面具有重要意义。

一　河南推动现代服务业与先进制造业融合发展的做法与成效

近年来，河南积极推动现代服务业与先进制造业融合发展。通过强化“两业”融合顶层设计、以数字化转型增强“两业”融合内生动力、开展“两业”融合试点等措施，河南“两业”融合范围不断拓展、融合程度不断加深。

1. 强化“两业”融合顶层设计，政策体系逐步完善

《河南省国民经济和社会发展第十四个五年规划和二〇三五年远景目标纲要》明确提出，“开展先进制造业和现代服务业融合试点”“推动现代服务业和先进制造业深度融合”“推动制造业企业延伸服务链条，建设服务型制造公共服务平台，培育智能制造系统解决方案、流程再造等服务机构”。《河南省推动制造业高质量发展实施方案》提出，实施“两业”融合工程，每年培育30家（个）服务型制造示范企业（平台、项目）；《河南省加快推动现代服务业发展实施方案》提出，培育集成融合服务，积极发展服务型制造、高水平建设“设计河南”、发展服务衍生制造；《河南省促进先进制造业和现代服务业深度融合实施方案》提出，将“两业”深度融合作为推动制造业高质量发展的重要抓手。相关部门强化"两业"融合试点效益评估和监管，通过动态跟踪及时查缺补漏、发现不足、总结经验。服务型制造是先进制造业与现代服务业融合发展的重要方向，河南出台了《河南省发展服务型制造专项行动指南（2017—2020）》，连续多年培育服务型制造试点企业（平台、项目），并制定试点企业（平台、项目）资金奖励政策，服务型制造得到较快发展。

2. 实施数字化转型战略，"两业"融合内生动力日渐增强

数字化转型为"两业"深度融合发展提供了内在驱动力。河南大力实施数字化转型战略，推动"数字+制造""数字+服务"发展，推动数字技术向制造业、服务业等领域全流程渗透，鼓励企业拓展"两业"融合发展数字化应用场景，探索智能制造、服务型制造、服务衍生制造等新业态新模式，加快重点产业数字化转型。积极实施企业上云上平台行动，打造以工业互联网平台为核心的数字化赋能体系。实施数字化转型伙伴行动，培育引进数字化转型服务提供商。

3. 开展"两业"融合试点，新业态新模式持续涌现

为推动现代服务业与先进制造业融合发展，省发改委在 2020 年 6 月、2021 年 10 月分两批公布了省级"两业"融合试点培育单位名单，包括 15 个区域和 46 家企业，探索重点行业、重点领域"两业"融合发展新路径、新模式，总结一批可复制、可推广的经验。目前，河南共有 4 家单位入选国家级"两业"融合试点名单，即郑州市经济技术开发区、好想你健康食品公司、长葛产业集聚区、郑州宇通重工公司。河南已经在消费品制造业、装备制造业、原材料制造业等重点领域探索出各具特色的"两业"融合发展新模式、新路径。

2022 年 7 月，第三方评估机构对第一批"两业"融合试点单位进行中期评估，评估结果显示，超过 3/4 的试点单位制造业、服务业增加值增速明显高于全省平均水平。例如，郑州市经济技术开发区利用"开放+枢纽+融合"叠加优势，聚焦融合发展，加强政策和机制探索创新，着力构建了融合共生、创新高效的汽车产业生态。超过 70%的试点企业在营业收入、利

润、纳税额等方面增速高于全省规上工业企业平均水平，制造业企业实现了由提供产品向提供“产品+技术+服务”转变。

第二批“两业”融合试点单位着力探索产品全生命周期管理、柔性化定制、共享生产平台、现代供应链、总集成总承包等融合发展新业态新模式。此外，“十三五”以来，河南培育了261家省级服务型制造示范企业（平台、项目），有19家（个）企业（平台）入选国家级服务型制造示范名单，开展服务型制造的企业数量不断增加。

二　河南现代服务业与先进制造业深度融合发展存在的问题

近年来，河南现代服务业与先进制造业融合发展新业态新模式不断涌现，融合趋势不断加快、融合程度不断加深，一批企业已经探索形成可复制、可推广的融合发展模式和路径，但融合发展速度不够快、范围不够广、程度不够深、水平不够高、效益不够好，与先进制造业强省建设和经济高质量发展要求还有较大差距。

1.融合发展与先进地区存在差距，生产性服务业发展滞后

美国、英国、日本等发达国家积极推进制造业服务化，制造业和服务业融合起步较早、程度较深、水平较高，这些地区生产性服务业占比较高。从产业结构看，上述国家产业结构普遍存在“两个70%”现象，即服务业产值占GDP的70%，生产性服务业又占服务业的70%。[①] 以美国为例，其通过发展“高技术制造业+现代服务业”，深化两者的业务关联、链条延伸、技术渗透，形成了典型的“两业”协同发展模式，实现了高技术制造业和现代服务业相融相长、协同共生。从企业角度看，美国上市公司中，制造与服务融合型企业占制造业企业总数的58%，通用电气公司服务收入占企业收入的2/3以上。河南是制造业大省，但制造业竞争优势不明显、质量效益不高，其中一个重要

① 杜传忠：《“十四五”时期我国制造业比重的合理区间探析》，《人民论坛》2021年第26期。

原因是生产性服务业发展滞后，尤其是科学研究和技术服务业发展相对滞后。2020 年，全省技术合同成交额为 384.50 亿元，占全国比重不到 1.4%，仅相当于北京的 6.1%、广东的 11.1%、江苏的 16.5%。从企业角度看，河南企业中发展服务型制造的企业占比不高，根据我国两化融合公共服务平台数据，截至 2022 年第二季度，河南规模以上企业中开展服务型制造的企业占比仅为 28.9%，远远低于浙江、山东、江苏、上海的 48.1%、45.9%、44.9%和 44.4%。

2. 融合发展范围不够广、程度不够深、水平不够高、效益不够好

从范围看，“两业”融合发展新业态总体规模较小，尽管河南一些行业龙头、骨干企业形成了一批典型融合发展新模式，但总体上处于点状开花状态，多数中小企业积极性不高；原材料、消费品、装备制造行业形成了各具特色的融合发展模式，但其他行业融合发展尚待探索。从程度看，一些企业已经开始探索产品全生命周期管理、柔性化定制、共享生产平台、现代供应链、总集成总承包等新业态新模式，但整体上提供系统解决方案的能力还不强。从水平看，企业融合发展模式主要是模仿创新，本地原创不多。从效益看，河南上市公司中，服务型制造企业的服务收入占营业收入总额的比重一般不超过 20%，融合发展的新业态新模式没能成为企业利润增长点。

3. 融合发展能效有待提升

从微观视角看，融合发展新业态新模式对企业竞争优势的提升效果还不明显，还没有成为企业向价值链中高端攀升的重要推动力量。从产业视角看，河南制造业与服务业还处于间接融合发展状态，许多企业缺乏产业链上下游分工合作意识，产业协同、企业合作不够顺畅。总体来说，河南“两业”融合发展新业态新模式总体规模较小，还没有成为促进动能转换和结构转型的新动能。

三 河南现代服务业与先进制造业深度融合发展面临的挑战

河南数字经济发展尚处于起步阶段，数字科技创新能力不强、数字平台

发展滞后、数据共享机制缺失、数字人才严重短缺等数字经济发展短板对现代服务业与先进制造业融合发展形成制约，影响“两业”融合发展的速度、程度与水平。

1. 数字科技创新能力不强

与先进地区相比，河南在数字经济领域缺乏有影响力的研发机构、创新平台和知名高校，重大科技基础设施缺乏，国家重点实验室、国家工程研究中心、国家企业技术中心等创新平台支撑不足。省内具有较强研发实力的数字企业数量不多，尤其是缺乏数字领军型企业。数字核心产业创新能力不强，5G、人工智能、软件等产业基础薄弱，先进计算、互联网、大数据、区块链等领域关键技术存在明显短板。不同规模企业数字化转型发展不均衡，中小企业由于数字化转型步伐较慢，开展融合探索的积极性不高。已经开展信息化建设的制造业企业多数仅以降低生产和管理成本为目的，利用数据驱动业务创新、实现价值创造的能力不强，服务环节拓展不充分，数字化转型成效不达预期又反过来抑制企业数字化转型的积极性和可持续性。

2. 数字平台发展滞后

数字平台具有融合企业和市场功能，能够为现代服务业与先进制造业深度融合提供载体。近年来，河南数字平台建设进程加快，截至 2022 年初，河南初步建立“1+37”工业互联网平台体系，并建立 4 个超大型数据中心、84 个中小型数据中心。但是，现有数字平台技术水平不高，特别是数据采集、数据分析、应用开发等方面能力较弱，多数平台存在接入设备与企业数量普遍不多、承载高水平工业 App 数量明显偏少、平台面向用户服务供给水平普遍不高等问题。而且，我国数字产业核心技术、关键零部件和工业软件严重依赖国外，产业发展受制于人。另外，本地数字化服务提供商普遍存在核心技术薄弱、应用领域单一等短板，服务能力不强，缺少有能力进行战略咨询、数字化架构设计、数据运营的“总承包”数字化转型服务提供商。

3. 数据共享机制缺失

数据共享有利于价值链整合，加快要素流通，优化资源配置，强化价值创造。目前，全省信息“孤岛”问题突出，企业内部、不同企业之间、不同产业之间、不同区域之间、企业与政府之间数据共享机制仍不完善，跨层级数据共享不充分、不便捷，既不利于企业挖掘数据价值，也制约了现代服务业与先进制造业深度融合发展。

4. 数字人才严重短缺

河南存在与“两业”融合发展相适应的数字人才引人难、用人难、留人难问题，尤其是缺少领军型、复合型数字人才。受区位条件、人才政策、创新创业环境等因素影响，河南对北京、上海、深圳等数字经济发达地区的高端数字人才吸引力不够，同时，由于薪资收入低，本地高校培养的数字人才大量流失。

四　推动河南现代服务业与先进制造业深度融合发展的建议

现代服务业与先进制造业深度融合是现代产业发展的重要趋势，而数字经济是现代服务业与先进制造业深度融合发展的媒介和推进器。利用数字经济发展机遇，以融合发展为契机，加快推动先进制造业和现代服务业转型升级，实现河南经济高质量发展，对现代化河南建设具有重要意义。

1. 提升区域数字科技创新能力，夯实现代服务业与先进制造业深度融合发展的技术支撑

围绕数字创新平台建设、数字创新主体培育、数字技术应用等方面完善数字科技创新政策体系，在数产融合领域加快基础性技术、关键共性技术的创新突破，推动数字技术与现代服务业和先进制造业深度融合。一是集中优势创新资源，在数字经济领域全面加大大科学装置、高水平实验室、产业创新平台、新型研发机构建设力度，提升数字技术原始创新能力，加快核心行业关键核心技术攻关、重大科技成果转化和自主创新产品迭代应用。二是打造产业融合共性数字技术研发平台，着重解决现代服务业与先进制造业融合发展中的共性数字技术问题，推动平台研究成果向行业企业公开，为现代服务业与先进制造业融合发展提供技术支持、标准支持、数据支持。三是实施数字创新主体工程，培育一批具备产业链生态建设能力的平台型、“链主”型领军企业，引导支持国内外数字经济平台型头部企业入驻河南，加大对数字经济领域“专精特新”企业的培育力度，培育形成数字企业梯队。四是推动区块链、人工智能、云计算等新兴数字技术向市场调查、产品设计、生产制造、销售等环节渗透，通过新场景应用，引导企业利用数字技术提高业务创新和价值创造能力，实现业务拓展、链条延伸和价值创造。

2. 培育打造高质量数字平台载体，拓展现代服务业与先进制造业深度融合发展空间

适应产业跨界融合需要，加大对5G、工业互联网、大数据中心等数字新基建的投入力度，强化基础设施互联互通能力，提升基础设施网络化、智能化水平，降低制造业企业和服务业企业数字化转型成本。顺应平台经济发展趋势，完善融资、人才等政策体系，支持数字平台企业加快发展，提升其产业链整合、供应链供需对接、上下游协同创新等能力。支持先进制造业企业加大对数字资源的投入力度，利用新一代数字技术推动企业转型升级和技术改造，引发其对现代服务业的有效需求。实施数字化转型伙伴行动，鼓励工业互联网、大数据中心等数字平台提升需求撮合、转型咨询、解决方案等服务能力，为产业链上下游企业和行业内中小微企业提供成熟解决方案和优秀管理经验，助力其数字化转型。根据产业跨界融合发展的需要，鼓励跨区域、跨行业、跨企业共建数字化转型促进中心，强化平台、服务商、专家、人才、金融等环节数字化转型公共服务。在数字基础设施较好且现代服务业和先进制造业发展水平较高区域，如郑州、洛阳等地，打造一批区域性“两业”融合发展示范区，形成现代服务业与先进制造业集聚发展、融合共生的发展生态，实现现代服务业与先进制造业以更快速度、更广空间、更深程度、更高水平融合发展。

3. 建立完善数据共享机制，增强现代服务业与先进制造业深度融合发展能效

引导企业整合各类数据，通过数据采集、开发、应用等措施，探索新业态新模式。引导数据资源依法有序流动和合法有效利用，积极构建数据资源体系，推动数据资源实现跨区域、跨层级、跨部门共享交互；探索建立数据价值体系，加强数据监管和数据安全保障，推进数据由资源化向资产化、资本化过渡；做大做强数据服务业，提高区域数据服务能力。

4. 构建多层次数字人才梯队，夯实现代服务业与先进制造业深度融合发展人才支撑

将半导体、软件服务、信息安全、大数据、人工智能、云计算等数字经济重点发展领域的人才需求纳入“中原英才计划”“招才引智”等重大人才工程，积极引入数字领军人才。建立全省数字人才交流服务大数据平台，推动数字人才供给与企业人才需求精准对接。鼓励省内大学、高职院校和企业聚焦“数字技术创新+产业化应用”，联合建设数产融合人才培养基地，培养更多复合型、应用型、技能型数字人才，形成多层次数字人才梯队。

参考文献

姜长云、李子文、巩慧臻：《推动现代服务业同先进制造业、现代农业深度融合的调查与思考——以 HN 省 ZZ 市为例》，《江淮论坛》2022 年第 1 期。

刘晓超等：《推进河南省先进制造业与现代服务业深度融合分析研究》，《全国流通经济》2022 年第 2 期。

郭朝先：《产业融合创新与制造业高质量发展》，《北京工业大学学报》（社会科学版）2019 年第 4 期。

洪群联：《中国先进制造业和现代服务业融合发展现状与“十四五”战略重点》，《当代经济管理》2021 年第 10 期。

杨新洪：《先进制造业与现代服务业融合发展评价研究——以广东省为例》，《调研世界》2021 年第 4 期。

张幸、钟坚、王欢芳：《中国先进制造业与现代服务业融合水平测度及影响因素研究》，《财经理论与实践》2022 年第 3 期。

B.4
河南数字产业化和产业数字化协调发展路径与对策研究

杨梦洁*

摘　要：　数字产业化和产业数字化具有互利共生、相互耦合的协同演进关系。作为数字经济的核心部分，二者协调发展对于提升数字化转型效率具有重要意义。河南高度重视数字经济，近年来信息基础设施建设得到有效完善，数字核心产业在郑州、洛阳等地呈现集聚发展态势，产业数字化融合发展进程持续加快，取得了阶段性成果。根据对数字产业化和产业数字化内在关系与不同发展逻辑的分析，未来要高效实施数字化转型战略、充分释放数字经济增长活力，就要从非均衡布局省内数字产业化重点突破、全维度推动全省产业数字化纵深发展、多层次打造制度生态软环境等角度入手，促进河南数字产业化和产业数字化进一步协调发展。

关键词：　数字产业化　产业数字化　协同演进

当前，数字经济成为重组全球要素资源、重塑全球经济结构、改变全球竞争格局的关键力量。党的十八大以后，数字经济上升为国家战略受到高度重视。习近平总书记多次在中共中央重要会议及地方调研中，对推动数字产业化和产业数字化发展做出指示。河南高度重视数字经济发展，2021 年河南省委工作会议提出锚定“两个确保”，全面实施包括数字化转型战略在内

* 杨梦洁，河南省社会科学院数字经济与工业经济研究所助理研究员，研究方向为产业经济学。

的“十大战略”，明确数字化转型的战略地位，壮大数字核心产业，推进传统产业数字化改造等。从经济学视角看，数字产业化和产业数字化存在互利共生、相互耦合的协同演进关系，保持二者协调发展对于促进数字经济健康快速发展具有重要意义。但由于生成逻辑与实现路径等方面差异较大，二者在现实中极易出现不均衡不匹配的不协同局面，不利于数字化转型深入推进，制约数字经济整体发展。推进数字产业化和产业数字化协调发展，充分发挥数字产业化坚实支撑作用和产业数字化纵深引领作用，对于河南顺利实施数字化转型战略、加快打造数字经济发展高地具有重要意义

一　数字产业化与产业数字化基本发展模式

学术界对数字经济的定义略有差别但大意相同：数字化知识和信息是关键生产要素，数字经济是使用这类新型生产要素，受到数字技术核心驱动，依托现代信息网络，能够与经济社会各方面深度融合，从而颠覆传统经济社会发展模式，实现经济结构优化、发展效率提升的一系列经济活动。2017年，中国信通院将数字经济分为数字产业化和产业数字化两个部分，后续从生产要素、生产力、生产关系的视角将数字经济框架完善成4个部分，其中数字产业化和产业数字化是最重要的生产力部分。2021年，《数字经济及其核心产业统计分类（2021）》将二者表述为数字经济产业部分。

（一）数字产业化发展模式

根据国家最新统计分类，数字经济核心产业归属数字产业化部分，是指为产业数字化发展提供数字技术、产品、服务、基础设施和解决方案，以及完全依赖于数字技术、数据要素的各类经济活动。包括数字产品制造业、数字产品服务业、数字技术应用业、数字要素驱动业四大类。数字产品制造业包括计算机制造、通讯及雷达设备制造、智能设备制造、电子元器件及设备制造等；数字产品服务业包括数字产品批发、零售、租赁、维修等；数字技术应用业包括软件开发、互联网相关服务、信息技术服务等；数字要素驱动

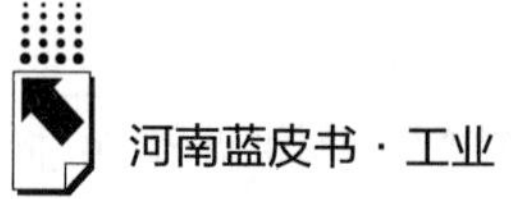

业包括互联网平台、互联网批发零售、信息基础设施建设、数据资源与产权交易等。

从具体分类可以看出，数字产业化发展主要有两大模式。一是以生产制造驱动的数字产业集群发展模式。具体表现为各类直接数字产品、数字设施的生产制造，从较为传统的计算机整机制造、信息安全设备制造到新兴的工业机器人制造，到数字经济关键领域的半导体、集成电路等核心技术，再到各类新一代信息基础设施建设等，基本以制造驱动为主。这一模式可以看作数字产业化的硬架构，是数字经济发展的制造基础。二是以各类信息、数据驱动的服务增值模式。主要是通过特定的机构、平台等对收集的各类数字化信息、数据、知识进行清洗、加工、整理和分析，形成新的数据资产、数字产品，使之能够被内部利用或进入市场流通产生更大价值，以及围绕各类数据资产、数字产品提供交易服务助其实现价值的模式。

（二）产业数字化发展模式

根据国家最新统计分类，产业数字化部分是指应用数字技术和数据资源为传统产业带来的产出增加和效率提升，是数字技术与实体经济的融合。包括智慧农业、智能制造、智能交通、智慧物流、数字金融、数字商贸、数字社会、数字政府、其他数字化效率提升业九大类，全方位涉及农业、制造业、运输、物流、批发、零售、科教文卫娱、房地产、采矿业等，包括但不限于一二三产业的经济社会发展所有面。

从具体分类可以看出，产业数字化发展模式主要为融合创新驱动。数字经济具有高创新性、强渗透性、广覆盖性，产业数字化转型就是利用这些特性，通过深度融合、创新驱动，借助各类数据资产、数字产品和数字技术，对传统产业进行全流程、全链条数字化再造，并实现全方位、便利化互联互通。研发环节数字化能够进行低成本试错、上下游协同创新等；生产环节通过可视化数字孪生，实时掌握各项环境、设备参数；仓储物流环节可以借助云仓、WMS 智能仓储管理系统等工具实现高效管理；售后环节可以实现后台长期跟踪监管，并收集数据进行加工分析以指导研发设计，完成产品全生命周期服务。这一过程可以达到提高生产制造效率、降低各类交易成本、匹配市场供需资源等目的，充分发挥数字经济的放大、叠加、倍增作用，推动产业分工深化，打破产业发展边界，颠覆产业发展逻辑，重塑产业发展模式，全面提高经济社会整体运行效率。

二　数字产业化与产业数字化耦合机理分析

耦合的概念源于物理学，用来描述两个及两个以上系统存在的相互影响、相互作用关系，耦合协调则是反映耦合关系中良性耦合程度的概念。根据对数字产业化与产业数字化实现模式的分析，两者之间存在相互制约又相辅相成的协同共生关系，是两个相互耦合的系统（见图1），并构成数字经济这一更为高级的耦合系统。

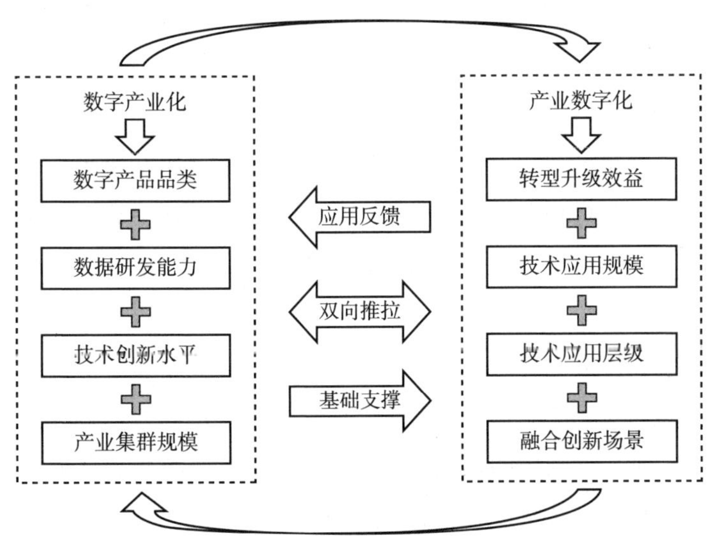

图1　数字产业化与产业数字化耦合机理

（一）数字产业化是产业数字化的转型基础和底层支撑

数字产业化能够生产各类数字产品、设备并在市场大量投放，如制造工业机器人、各类传感器、智能车载设备等，是各行各业进行数字化转型（如实施智能化改造，发展协同制造、柔性制造等）必备的基础硬件（硬架构），同时是能够提供各类数字技术服务（从互联网运维到打造互联网发展平台，再到提供信息系统集成服务、物联网技术服务等信息化服务），为产业数字化转型提供全方位完备的技术支持与解决方案的软支撑。数字产业化通过一硬一软两种模式为产业数字化转型铺路搭桥。数字产业化的硬架构和软支撑是产业数字化转型想要“两条腿走路”必不可少的基本要素。

（二）产业数字化是数字产业化的应用延伸和正向拉力

产业数字化转型依靠数字产业化的硬架构和软支撑，由点及面、从局部到整体开展融合创新活动。一是产业数字化转型拉动数字产业化增长。在产业数字化融合创新过程中，数字技术、数字信息、数据资产不断与传统的研发设计、生产制造、物流运输、售后运营、消费体验、价值实现等环节融合，产生新的应用场景、创造新的价值实现模式、形成新的经济增长点、拓展新的增值空间。在市场和需求的双重驱动下，产业数字化发展将会对数字产业化形成持续性、规模化需求，对数字产业主体数量增加、数字产业集群规模壮大、数字技术供给量增长产生正向拉动作用。二是产业数字化转型助推数字产业化升级。产业数字化大规模、深层次发展对数字产业化提出了更高质量的发展要求，能够倒逼数字技术迭代更新、引领数字技术创新风向等。同时，数字技术、数字产品在产业数字化转型广泛应用和大量实践中，产生更多能够清洗、加工、利用的数据，丰富数字经济生产要素，数字技术也在现实应用中获得可以突破瓶颈、不断创新的机会，提升数字产业化发展竞争力。

（三）数字产业化与产业数字化紧密作用、相互制约

从发展比例看，根据世界各国经验，数字产业化与产业数字化之比表征数字经济发达程度，数字经济发展初期需要数字产业化大量投资，生产足够的数字产品、设备，输出数字技术与服务，数字产业化占比较高。经过一定

时间的沉淀转化，产业数字化转型潜力被无限激发，数字经济乘数效应不断创造广阔发展空间，产业数字化占比不断提升。2020 年世界数字产业化与产业数字化之比为 1∶5.4，欧美等数字经济发达经济体为 1∶10，数字经济欠发达经济体为 1∶2。2016～2020 年，随着中国数字经济规模不断壮大，数字产业化与产业数字化之比从 1∶2.89 变为 1∶4.23，产业数字化对数字经济发展贡献不断提高。从发展质量看，数字产业化发展水平对产业数字化转型程度起到直接制约作用。我国数字经济发展增速在 2018 年达到峰值（20.9%），此后增速逐步放缓，2020 年为 9.7%，数字经济迎来发展转型期，面临从规模数量型向质量效益型转变的局面，消费互联网增长红利已经充分释放，转入产业互联网纵深发展的攻坚克难阶段，对数字产业化发展提出了更高标准的要求。目前，我国数字核心产业关键环节的传感器、芯片等数字技术受制于国外，互联网生产服务平台、科技创新平台的数量不够多、布局不均衡，直接拖慢了产业数字化发展进程。

三　河南数字产业化与产业数字化发展整体成效

河南积极融入新一轮科技革命和产业变革，着重发展数字经济，补短板、强优势。根据中国信通院的测算，2020 年河南数字产业化规模已超千亿元，2021 年数字经济总体规模超万亿元，居全国第 10 位，数字产业化取得了长足进步，产业数字化引领、撬动、赋能作用不断发挥。

（一）数字经济顶层设计不断完善

不断优化调整体制机制建设，以制度为先导为数字产业化和产业数字化发展提供保障。陆续成立省委网络安全和信息化委员会、省建设国家大数据综合试验区领导小组，并由省发展改革委牵头，组织省直有关部门共同参与，形成省促进数字经济发展部门联席会议制度和协调联动机制，系统推进全省数字产业化和产业数字化工作。

持续完善相关规划条例，以政策为引领形成推动数字产业化和产业数字化发展合力。2021~2022年，《河南省“十四五”数字经济和信息化发展规划》《河南省数字经济促进条例》等总体纲领性文件陆续发布实施。数字产业化方面，先后出台《河南省推进“5G+工业互联网”融合发展实施方案》《河南省5G产业链现代化提升方案》《河南省大数据发展创新平台体系建设工作方案（试行）》《河南省元宇宙产业发展行动计划（2022—2025年）》以及关于新型显示、新一代人工智能产业发展的行动方案等系列政策文件。产业数字化方面，发布《中小企业数字化赋能专项行动方案》《河南省“互联网+”行动实施方案》《河南省深化制造业与互联网融合发展实施方案》等方案计划，推动产业与数字创新技术融合发展。

（二）信息基础设施建设有效推进

河南持续优化升级5G、千兆光纤、移动互联网、卫星互联网等通信网络基础设施，统筹布局以数据中心、边缘计算中心、人工智能计算中心为核心的算力基础设施和新技术设施，加快推进传统基础设施智能化升级。根据国家互联网信息办公室数据，2021年河南数字基础设施建设水平进入第一梯队，排名全国第8。

新一代网络基础设施再升级。2021年，河南新开通5G基站5.17万个，全省累计建设5G基站9.71万个，县城及以上城区、农村热点区域实现5G网络全覆盖。2021年，全省100M以上宽带用户占比达99.1%，居全国首位。郑州国家级互联网骨干直联点总带宽达到1620G，居全国第5位。郑州、开封、洛阳互联网国际专用通道建设开通带宽达到320G，实现自贸区全覆盖。卫星通信基础设施布局完善。河南已建成启用建站技术标准最高、站点数量最多、密度最大、完全自主可控的省级北斗地基增强系统，形成由247个站点组成的卫星导航定位基准站网，建立由1个省级数据中心、28个市级分中心组成的运行架构和数据处理分发服务体系。①

① 河南省通信管理局、河南省互联网协会：《2021河南省互联网发展报告》，2022年6月。

（三）深度融合赋能进程显著加快

河南积极推进数字经济与实体经济深度融合，大力发展智慧农业、智能制造、智慧供应链、服务型制造等新业态新模式，拓展数字经济发展深度与广度。2020 年，河南省数字经济“两化”融合指数为 53.2，居全国第 13 位。根据《河南省数字经济发展报告（2022）》，2021 年河南数字经济规模达 1.75 万亿元，连续 6 年进入全国前 10，占河南 GDP 的比重达 29.3%。

持续推动企业上云。2021 年新增上云企业 5 万家，编制细分行业数字化转型指南，新创建国家服务型制造示范企业 9 家、智能制造示范工厂 3 个，新认定省级智能车间和工厂 163 个，发布数字化转型“揭榜挂帅”项目 21 个。积极响应对接国家政策，财政、工信两部门发文支持中小企业数字化转型试点，2022 年 9 月推荐天瑞集团信息科技有限公司（天信工业互联网平台）、郑州慧业智能科技有限公司等 5 家单位（服务平台）和相对应的细分行业申报国家试点。将数字化转型作为推动传统产业提质增效、节能降耗的重要抓手。2022 年 6 月，河南省工信厅发布相关行业转型工作方案，提出到 2022 年底要显著提升全省水泥、钢铁、焦化行业的数字化、网络化、智能化水平，进一步增强企业运营管理能力，降低能耗与碳排放量。此外，农村电商产业发展势头强劲，从销售终端出发带动一二三产业数字化转型融合发展。2022 年第一季度，全省实现农村网络零售额 341.5 亿元，同比增长 15.3%，其中农产品网络零售额同比增长 22.9%，农村电商应用水平显著高于全国。

（四）核心产业集聚效应初步显现

河南数字经济核心产业起步较晚，随着数字化转型进程加快，核心产业加速布局，呈现优势逐步凸显的集聚发展态势。2021 年，全省互联网业务经营单位新增 2922 家，总数达 7834 家，同比增长 59.5%，居全国第 4 位。规模以上互联网企业达到 88 家，业务收入 132.7 亿元，同比增长 26.9%。中国（郑州）智能传感谷、紫光智慧计算终端全球总部、黄河鲲鹏制造基地、超聚变服务器、光电侦察与光电显示产业园等牵引性项目高水平推进。新华三智慧计算终端全球总部基地、中国长城（郑州）自主创新基地等重大项目开工建设，在全国率先布局华为鲲鹏生态创新中心。①

数字经济新兴产业发展不断提速，积极抢占未来产业新赛道。截至“十三五”末，全省注册区块链业务的企业达到339家，中盾云安进入全国区块链百强企业名录。② 2022年9月，郑州正式获批创建国家区块链发展先导区，打造河南数字经济新平台。2022年8月，全省首个元宇宙产业园区在中原科技城鲲鹏软件小镇二期落地；9月，《河南省元宇宙产业发展行动计划（2022—2025年）》发布，提出要建成1个元宇宙核心园区及3~5个特色园区。

四　河南数字产业化与产业数字化区域特征

随着河南数字化转型不断向纵深发展，各个地市立足自身资源禀赋，因地制宜、循序渐进，在推动数字产业化和产业数字化协调发展方面着眼于不同领域，突出重点和优势，逐渐形成郑州、洛阳主副“双核驱动”，其他地市“多点开花”的发展状态。

（一）郑州强势引领，数字产业化全省突出

郑州作为省会城市与国家中心城市，近年来国家级战略叠加优势凸显，推动数字产业化和产业数字化协调发展的城市能级不断提升，引领全省数字经济发展的中心作用日益突出。

一是数字经济综合实力全省领先。根据《河南数字经济发展报告（2022）》，2021年郑州全市数字经济总量首次超过5000亿元，占地区生产总值的比重超过40%。在2021年全国数字经济规模与质量TOP15城市中，郑州得分为0.868，居第12位（见表1）。智能化改造行动、上云上平台行

① 河南省通信管理局、河南省互联网协会：《2021河南省互联网发展报告》，2022年6月。

② 《河南省人民政府关于印发河南省“十四五”数字经济和信息化发展规划的通知》，河南省人民政府网站，2022年2月16日，https：//www.henan.gov.cn/2022/02-16/2399852.html。

动、数字化转型伙伴行动“三大行动”有力实施，智能制造发展基础得到夯实，发展生态进一步完善。特别是数字经济核心产业增加值已经突破千亿元，占全省数字经济核心产业的比重超过40%，是唯一突破千亿元大关的河南城市。全省规模以上互联网企业88家，郑州拥有73家，占总量的83%。

二是数字产业化核心优势突出。郑州市大力培育电子信息、软件、网络安全等特色优势产业，形成集聚带动效应，朝着全球重要的智能终端产业基地、国内领先的智能传感器研发生产基地和国家网络安全产业基地重要目标不断靠近。2021年，全市规模以上电子信息工业增加值同比增长23.9%，高于全市工业增加值增速13.5个百分点。软件产业加速集聚。目前，郑州已经集聚全省80%以上的软件企业，形成了IT产业园、中部软件园等一批特色软件园区，2021年全市规模以上软件和信息技术服务业营业收入同比增长23.8%。产业集群特色突出。超聚变、浪潮等一批产业链驱动力较强的龙头企业落户航空港区并顺利投产，带动航空港区围绕核心产业布局发展。省级信息安全产业示范基地建设稳步推进，以金水科教园区等为引领，网络安全产品全国领先。

表1　2021年全国数字经济规模与质量TOP15城市

排名	省份	城市	得分
1	上海	上海	0.983
2	四川	成都	0.962
3	广东	广州	0.953
4	北京	北京	0.939
5	浙江	杭州	0.933
6	广东	深圳	0.922
7	重庆	重庆	0.893
8	湖北	武汉	0.886
9	山东	济南	0.879
10	湖南	长沙	0.872
11	陕西	西安	0.868
12	河南	郑州	0.868
13	山东	青岛	0.867
14	福建	福州	0.866
15	云南	昆明	0.864

资料来源：《2021中国数字经济产业发展指数报告》。

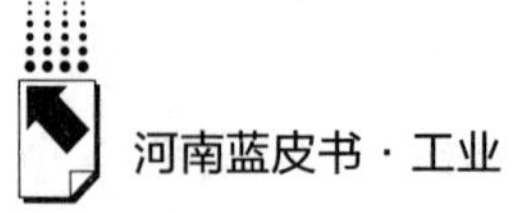

（二）洛阳加速跟进，产业数字化纵深发展

洛阳作为中原城市群副中心城市，立足自身较为雄厚的制造业发展根基，与郑州优势互补，成为全省数字经济发展“副核心”。2021 年，洛阳数字经济规模逼近 2000 亿元，入选国务院建设信息基础设施和推进产业数字化成效明显市，也是河南数字化转型领域唯一获得国务院督查激励城市。

一是数字产业化发展重点突出。持续巩固信息基础设施建设优势。2022 年 1 月成功入选国家 IPv6 技术创新和融合应用综合试点城市，批建全国第 17 个国际互联网数据专用通道。大数据产业初具规模。洛阳大数据产业园成功入选国家大数据新型工业化示范基地，入驻企业 1300 多家，引进阿里云等龙头企业，培育建成中移在线数字服务产业园等 11 家特色专业园区，搭建旅游公共服务大数据产业技术研究院等 4 个省级大数据创新平台。2021 年，园区产业规模突破 200 亿元，成为辐射河南省中西部地区的数据产业高地。

二是产业数字化转型提质扩能效应显著。洛阳积极转化数字核心产业优势，释放传统产业转型升级经济新动能。2021 年，洛阳产业数字化规模超 1500 亿元。5G 产业应用场景全面拓展。洛钼集团建成国内首个“5G+智慧矿山”项目，并获得中国有色金属行业科技进步一等奖；中信重工“5G+工业互联网”项目成为高端装备智能制造示范项目；国家农机装备创新中心“5G+氢燃料动力无人驾驶拖拉机”项目生产出国内首台将 5G 应用和氢燃料结合的无人驾驶电动拖拉机。工业互联网创新发展领先全省，“1+N”行业工业互联网平台不断完善。农机装备、矿山机械等传统优势产业率先建设，已累计培育省级工业互联网平台 9 个，并建成全省首个工业互联网标识解析二级节点，实现综合工业互联网平台接入企业 3000 余家。

（三）多城竞相发展，加速布局数字化转型

2021 年，河南 17 个市数字经济规模相比上年均实现正增长，在郑州、洛阳两极领先之外，各地“多点开花”，南阳、许昌、新乡数字经济规模首

次突破900亿元，驻马店、漯河数字经济规模以远超全国、全省平均水平的速度高速增长。

一是数字产业化发展多点突破。郑州数字产业化规模将近1300亿元，占全省总量的51.7%，稳居第一千亿梯队。第二百亿梯队规模不断扩大，开封与南阳数字产业化规模首次超过百亿元，跻身洛阳、许昌、安阳所在的第二梯队，5个城市数字产业化规模之和占全省的30%。第三十亿梯队不断提速。驻马店、商丘、漯河增速居全省前3位，鹤壁将数字经济核心产业作为“1号工程”推进，数字产业化规模占全市地区生产总值的6.9%，规模占比连续两年居全省第2位。许昌鲲鹏制造基地已具备年产“Huanghe”服务器36万台、PC机75万台、主板25万片的能力，成为华为鲲鹏国内重要生产基地。

二是产业数字化转型特色各异。2021年，河南产业数字化规模突破1.45万亿元，其中各地市工业数字经济渗透率差异较大，郑州、三门峡、洛阳3地市渗透率高于全省平均水平。郑州中原龙子湖智慧岛、中国（郑州）智能传感谷、洛阳大数据产业园等一批“数字豫军”迅速崛起。南阳发挥跨境综合试验区和零售进口试点城市优势，发展网购保税进口消费，并在聚爱优选、香菜网等第三方电子商务平台上开设专区，集中展示、宣传、推广南阳名优特色产品。

五　推动河南数字产业化与产业数字化协调发展思路与建议

根据对数字产业化与产业数字化不同发展逻辑、演进模式以及耦合关系的深层剖析，在充分了解河南发展现状的基础上，建议因地制宜明晰发展思路，采取有针对性的政策措施，推动河南数字产业化和产业数字化协调发展。

（一）持续升级新一代信息基础设施

新型基础设施作为新基建，不仅对数字产业化发展具有直接的刺激作用，更是促进数字产业化优势向产业数字化转化、促进产业数字化转型顺利实现的基础支撑。未来需要从以下两个方面入手。一是进一步优化升级网络基础设施。推进超高速、大容量骨干网升级改造和5G独立组网网络规模部署，增强核心网承载能力。深入推进“全光网河南”计划，升级互联网省际出口带宽、郑州国家级互联网骨干直联点总带宽，以及郑州、开封、洛阳互联网国际专用通道带宽。谋划下一代互联网规模部署，提高IPv6活跃用户和流量占比。统筹移动互联网和窄带物联网（NB-IoT）协同发展，完善支持窄带物联网的全省性网络，积极探索天地一体化、第六代移动通信技术等未来网络布局建设。二是稳步推进工业互联网发展。工业互联网是新型基础设施，也是制造业数字化转型的基础。持续完善“1+37”工业互联网平台体系，加快工业互联网标识解析二级节点建设和应用推广，加速推动更多二级节点上线运营并接入国家顶级节点。

（二）非均衡布局省内数字产业化重点突破

数字产业化是重要底层支撑，也是典型的资本和技术密集型产业，投资大、耗时长，需要集中资源，以先发地区龙头企业为驱动，聚焦数字技术突破、率先做强优势地区与优势行业的数字产业集群。一是抓住重点地区布局。郑州、洛阳作为河南数字经济发展的“主副双核”，以及省内科技创新能力强、经济发展水平高的代表，已经在数字经济核心产业发展方面先发而动。郑州、洛阳要根据自身在计算产业、智能终端产业、大数据产业等方面的发展积累，集中科技、人才、资金力量重点突破。支持郑州依托中原科技城等区域布局元宇宙、区块链等未来产业，形成更强的数字经济核心产业带动力；支持许昌、三门峡、漯河等地因地制宜、错位发展，共同打造良好的上下游核心产业生态，谋取共赢局面。二是围绕优势产业发力。培育黄河鲲鹏计算产业生态，推进郑州鲲鹏软件研发与许昌鲲鹏硬件生产协同发展，共同加强关键环节核心技术攻关。以航空港区智能终端产业园、紫光智慧计算终端全球总部基地、浪潮、超聚变等重点园区、基地和龙头企业为依托，做优做强河南新型显示与终端产业。支持河南智能传感器产业、信息安全产业、大数据产业进一步集聚发展，形成更大的规模质量优势。

（三）全维度推动全省产业数字化纵深发展

产业数字化是数字产业化的应用延伸，当前数字核心产业不断迭代，更多的数字技术可以被打包反复取用，轻态化流转于实体经济发展各个环节。随着各个细分行业数字化转型服务平台和解决方案供应商队伍不断壮大，以及产业数字化转型生态更加完善，各类企业能够在数字产业化发展不足的情况下，充分享有数字经济发展红利，轻资产化应用数字技术对产业发展进行转型升级，加快整体数字化转型进程。一是选树经典应用场景案例形成广泛示范带动效应。产业数字化转型难点之一在于找到合适切入的应用场景，从解决问题角度出发将数字化转型与提高自身获利能力相结合，特别是工业企业转型个性化差异极大，应从不同细分行业选编经典案例，供同类型企业参考借鉴。二是各个地区需要因地制宜，根据自身数字经济发展进程和产业结构类型特征，尽可能多找到合适的切入点与切入环节，实施多领域深度融合发展工程，紧抓资源特色，推动智能制造、智慧农业、智慧文旅、现代服务业等包括但不限于三大产业的全业态深度发展。

（四）多层次打造协调发展制度生态软环境

非均衡突破数字产业化与全维度推动产业数字化代表互相联系、紧密影响的供需两端，要达到供需平衡，就要建立与之相适应且融通匹配的制度与生态环境。一是构建协同共促中心、协同转型平台等，从体制机制、生态层面保障数字产业化和产业数字化协同共进。布局数字化转型解决方案供应商和相关数字技术人才共建转型社区，引导数字产业化发展与区域产业数字化转型相匹配，主动适应转型市场需求，实现数字技术引进、应用与企业转型实际需要精准对接，解决企业转型选择难题。二是建设数据共享体系，最大化开发数据资源价值。从构建完善的政务数据开放共享体系出发，形成政府运行“一网协同”格局，促进跨层次、跨区域、跨系统、跨部门的数字产业化和产业数字化数据有序梳理，与平台共享互通，并分批次向企业免费开放，便于企业获取相关数据资源，降低企业数字化转型成本。

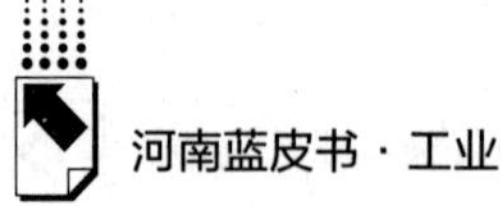

参考文献

李腾、孙国强、崔格格：《数字产业化与产业数字化：双向联动关系、产业网络特征与数字经济发展》，《产业经济研究》2021 年第 5 期。

刘钒、余明月：《长江经济带数字产业化与产业数字化的耦合协调分析》，《长江流域资源与环境》2021 年第 7 期。

杜庆昊：《数字产业化和产业数字化的生成逻辑及主要路径》，《经济体制改革》2021 年第 5 期。

B.5

河南民营企业数字化转型对策研究

刘晓萍*

摘　要： 民营企业作为财政收入的重要来源、商业创新的重要主体、民间投资的重要源泉，是全省经济发展的重要支撑，在推动经济发展、产业升级、科技创新、社会进步等方面发挥重要作用。当前，数字经济已经成为区域经济高质量发展的新引擎，民营企业数字化转型有助于激发全省经济发展新动能、开辟经济发展新空间。基于此，本文系统梳理了全省民营企业数字化转型发展的基础现状，深入分析了当下推动民营企业数字化转型存在的障碍和问题，并提出转思维、明路径、强链条、树标杆、建生态五大转型建议。

关键词： 民营企业　数字化转型　河南

当前，数字经济发展已经迈入深度融合、全面赋能的新阶段，数字化转型成为先进省份强化领先优势、后发地区实现换道赶超的战略性举措。河南作为内陆经济大省，不沿边、不靠海，数字化转型为河南扭转区位劣势、重塑竞争优势提供了现实路径。在此背景下，省委、省政府以前瞻30年的眼光进行谋划，在2021年全省第十一次党代会上就发展数字经济做出系列重大决策部署，提出实施数字化转型战略，对全省数字化发展进行系统布局。民营企业作为国民经济的主力军、科技创新的重要主体、繁荣城乡的有力支

* 刘晓萍，河南省社会科学院数字经济与工业经济研究所副研究员，研究方向为产业经济学。

撑，更应主动把握数字化发展机遇，扎实推动数字化转型，为重塑河南经济增长动能引擎、实现“两个确保”做出新的更大贡献。

一 河南民营企业数字化转型的现状

民营经济是河南经济发展的重要支撑，截至2021年底，全省注册个体工商户、私营企业达811.76万户，占各类市场主体总数的95.30%。面对生产要素和防疫成本提升、产业链供应链受阻、资源利用效率不高等诸多问题，河南民营企业顺应当前智能化、平台化产业升级大势，积极发挥数字赋能效应，全力推进企业数字化转型。

1. 数字化转型开启实际探索

认知决定行动，民营企业成功进行数字化转型的前置条件，就是对数字化转型的本质认知和战略谋划。当前，多数河南民营企业对数字化转型态度积极，已经由理念认知阶段迈入实际投入和行动探索阶段。以河南民营百强企业为例，河南省工商联调查数据显示，河南民营百强企业多数开始进行数字化转型实际行动。2021年，从战略层面看，河南民营百强企业中已经制定以及着手制定数字化转型战略规划的企业有79家；从管理层面看，已根据数字化转型需要进行整体布局以及局部布局的企业有77家（见图1）。这两组数据表明，多数河南民营百强企业已经具备转型意识并开始进行数字化转型的实质探索。此外，2022年初，河南中钢网科技集团股份有限公司、郑州时空隧道信息技术有限公司、山谷网安科技股份有限公司、河南中智大数据研究院有限公司4家企业联合300多家企业成立了河南省数字经济产业协会，搭建省级数字化转型平台，逐步完善民营企业数字化转型生态环境。

2. 数字化转型路径多样化

当下，河南民营企业能够结合企业自身实际和行业特征，识别推动数字化转型的着力点、关键点，积极采用“推动智能制造、加强人才建设、加快技术应用、应用数字产品和服务、实施设备业务上云”等多种路径实施数字化转型。河南省工商联调查数据显示，针对“企业实施数字化转型途径”

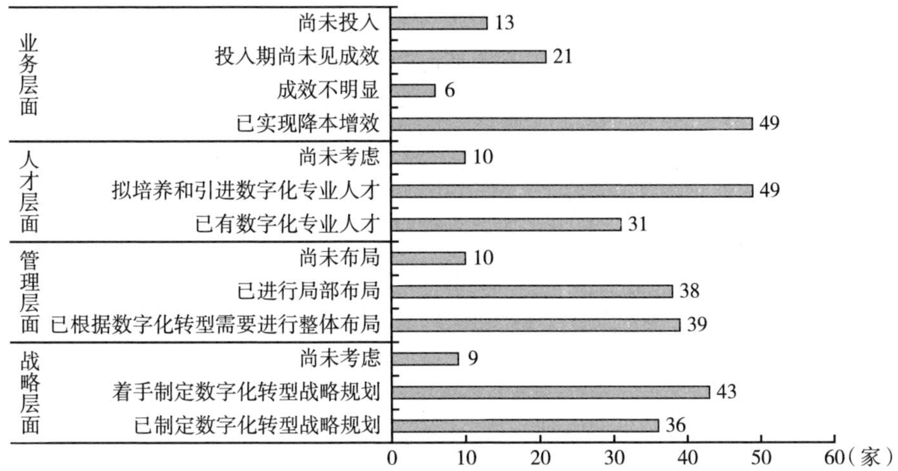

图 1　2021 年河南民营百强企业数字化转型状态

问题，河南民营百强企业选择“依托工业互联网平台等数字化服务商，实现企业生产、获客、销售、物流等业务数字化转型”的有 63 家，即六成以上河南民营百强企业依托工业互联网平台实施数字化转型，反映民营企业数字化转型的首选逻辑是依托数字化服务商。此外，选择“推进智能制造，实现网络化协同、个性化定制、服务化延伸、数字化管理”的企业有 56 家，选择“加强企业数字化人才队伍建设”的企业有 44 家，选择“加快大数据、云计算和人工智能等技术应用，探索发展新业态、新模式”的企业有 41 家，选择“应用数字化产品和服务”的企业有 40 家，选择“通过设备共享、产能对接、生产协同，促进中小企业深度融合大型企业的供应链、创新链”的企业有 35 家，选择“实施设备上云和业务系统向云端迁移”的企业有 31 家（见图 2）。

3. 数字化转型企业亮点频出

近些年，伴随新一代信息技术兴起，河南民营企业开始聚焦数字赋能企业发展，尤其是新冠肺炎疫情加速了企业数字化进程，涌现了一批数字化转型场景应用典型案例。如多氟多围绕“数据、图像、模型”三大维度，依托“5+1”朵云体系和 5G 工业互联网平台，实施智能设计、智能制造、智能采购、智能物流、智能市场一体化建设，在氟化工产业数字化转型中走在前列。安图生物作为河南生物医药领域高科技企业，推出了医学实验室磁悬浮全自动流水线、全自动微生物质谱检测系统、全自动核酸提纯及实时荧光 PCR 分析系统等具有行业领先水平的产品，推动了医学实验室智能化、物联化、自动化发展。龙佰集团“智造”赋能助力生产提质增效，生产单元广泛应用数据产品管理、试验数据管理系统，生产线配套相应的 DCS 操作系统，实现全流程生产自动化。悉知科技针对不同企业、不同市场推出定制化方案、定制化预期，依托世界工厂网电商综合服务平台，推动黎明重工、宇通重工、汉威科技、明泰铝业、思念、三全等众多河南知名企业开展跨境电商业务，外贸出口总额达 6.42 亿美元。郑州宝冶钢构联手河南移动打造“1+2+N”（即 1 张 5G 专网，钢构行业工业互联网平台和 5G 钢构实验室 2 个平台，“5G+数据采集”“5G+UWB 高精定位”“5G+机器视觉”等 N 个应用）整体解决方案，产线综合运转效率提升 30%，人工减少到从前的 20%，成为全省钢构行业数字化转型标杆。

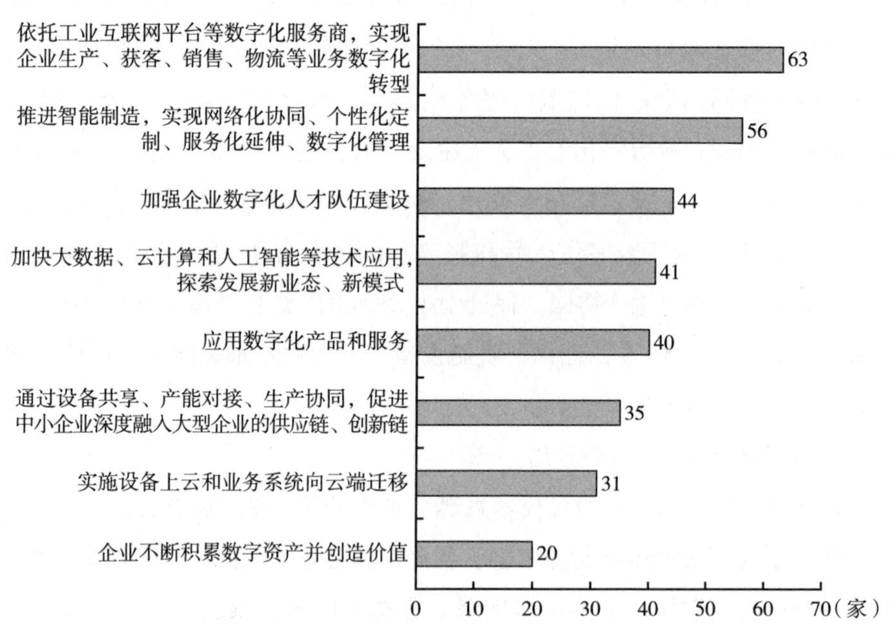

图 2　2021 年河南民营百强企业数字化转型路径

二 推动河南民营企业数字化转型的现实障碍

数字化转型已经成为新时期民营企业应对外部竞争、提升内部效能的必然选择，当前，多数河南民营企业已经顺应形势需要，积极开展数字化转型，但是，在具体推进中仍然面临不少现实问题和挑战。

1. 数字化转型成效不够好

数字化转型是一个长期持续的试错过程，是一项系统变革工程，企业通过数字技术带来的整体赋能效果多维度构建企业新型能力体系，拓展企业新型价值增长空间。从投入产出效能看，数字化转型资金投入大、持续时间长，涉及重构企业文化、战略、管理、运营等诸多问题，牵扯物力、人力和财力等多项成本，尤其是传统产业企业初始投入大、转型成本高，没有明确的回报周期和回报收益。当前，河南民营企业数字化转型存在价值效益不明显的问题，以 2022 年河南民营百强企业为例，河南省工商联调查数据显示，近半数河南民营百强企业认为数字化转型成效不明显。具体来看，认为“已实现降本增效”的企业有 49 家，认为“成效不明显、投入期未见成效及尚未投入”的企业有 40 家。这一调查结果说明，当前河南民营百强企业对数字化转型整体效果评价不高，这将影响企业投入数字化资源的积极性和可持续性。

2. 数字化转型能力不够强

企业数字化转型涉及战略性顶层设计、业务场景技术实现、后台支撑与数据挖掘等多个领域，专业知识沉淀程度是决定企业数字化转型成功与否的重要因素。数字化转型所需数字人才不是专职从事 IT 工作的从业人员，而是具有业务能力和数字化专业能力的复合型人才，尤其是具有战略眼光、数字技术、创新思维的领军人才，可以说数字人才储备情况是衡量一个企业数字化转型能力的重要维度。当前，河南民营企业普遍面临数字人才紧缺、能力不足的严峻挑战，全员数字思维和能力存在差距，难以支撑企业数字化转型要求。以 2022 年河南民营百强企业为例，河南省工商联调查数据显示，河南民营百强企业中“已有数字化专业人才”的有31家，“拟培养和引进数字化专业人才”的有49家，“尚未考虑”的有10家，可以说目前大部分河南民营百强企业数字化转型人才较少，缺乏贯彻执行数字化转型的能力。

3. 产业链数字化程度不够高

当数字化实现跨环节、跨领域集成，产生量变到质变的飞跃，价值效益才能呈现指数级增长趋势。企业数字化转型的重要价值，就是以数字技术和数据资源赋能企业超越自身资源局限，实现企业内外部、产业链上下游、供应链前后端的协同发展和动态优化，放大转型价值效益并反哺各个参与主体。但是，大中小微企业在数字化转型投入能力、投入方式、转型路径和转型效果上存在较大异质性。从集群数字化协同发展角度看，不同能级和不同环节的企业在业务流程、技术采用和商业模式上的变动会对产业链相关企业带来影响，系统不同构、工具不互通、数据不共享等会影响企业与产业链、供应链上下游合作企业的联动协同，最终导致河南民营企业在数字化转型过程中内外协作有限、产业链数字化发展比较滞后。河南省工商联调查数据显示，选择“通过设备共享、产能对接、生产协同，促进中小企业深度融入大型企业的供应链、创新链”的企业仅有35家，表明目前河南民营百强企业产业链数字化协同程度还不够高。

4. 数据要素驱动作用不够足

数字经济时代，数据要素成为赋能经济发展的关键引擎，其高效配置与整合应用已成为构建新发展格局的强大推动力，知识技能的承载、传播和使用主要依靠数据要素驱动。对于企业而言，数据要素能够打破传统要素有限供给对增长的制约，不断催化和转化传统要素。但是目前来看，河南民营企业数据采集不全面，不同产业链条间存在数据壁垒，数据开发共享利用水平不高，数据要素驱动作用还未充分发挥。以2022年河南民营百强企业为例，能够实现“企业不断积累数字资产并创造价值”的仅有20家，这突出表明作为龙头的民营百强企业数据价值挖潜能力尚且不足，中小微民营企业对数据的开发利用更有待强化。

三　推动河南民营企业数字化转型的对策建议

数字化转型是一项系统性创新工程。推动河南民营企业数字化转型，需要把握关键点、找准突破口，打造以点带面、连线成体的数字化转型格局。

1. 转思维：提升企业全员数字素养

推动河南民营企业数字化转型，首要的是从认知层面转变思维，营造企业上下主动转型、乐于转型的氛围，按照分级分类、全员赋能的理念，全面提升企业各级人员数字化转型素养。一是提升核心领导数字思维能力。由相关职能部门牵头，开设“河南民企数字化转型领军人才”专题培训班，针对企业高管层，联合一批数字化转型标杆企业、创新创业特色载体平台、业态创新型企业、相关高校院所作为实践教学基地，以“专家授课+专题研讨+典型案例研讨”模式，剖析研判数字经济发展趋势，探讨新赛道布局，提升企业决策层系统统筹和战略规划数字化转型思维能力。二是提升中层干部数字创造力。统筹理论教学、参观调研、对标研讨、专题训练营等方式，全面提升企业中层干部构建和应用企业数字化能力的创造力和执行力。三是提升一线员工数字技能。结合关键岗位培训，按照线上线下相结合、内部外部导师相结合、学习实训相结合的理念，通过校企共建产学研协同创新平台和人才培养基地等方式，开展“数字化订单式教育”，引导企业加强对现有人才队伍数字素养和数字技能的在职培训，激发一线员工参与数字化转型的主动性和积极性。

2. 明路径：分类引导、分业施策

不同规模、不同产业的企业数字化转型呈现不同程度的差异，推进河南民营企业数字化转型需要分类指导，分行业、分规模制定数字化转型方案。一是依据产业类别分类引导。结合典型行业特点设计数字场景，装备、汽车、电子等离散型产业主要围绕个性化定制、服务化延伸、研发设计协同、制造共享等方面开展数字化转型；化工、医药、建材等流程型产业主要围绕在线检测、设备健康管理、能源智慧管理等方面开展数字化转型；食品、服装、家居等消费类产业主要围绕市场推广、消费数据挖掘、新品开发等方面开展数字化转型。二是依据企业规模分步引导。重点引导大企业培育平台、中小微企业链接生态。大型企业可以整体导入智能工厂解决方案，并凭借“链主”带动力和数字化投资实力，在内部数字化转型基础上打造工业互联网平台，形成数据模型和产业知识，封装成工业 App 和微服务，推动典型模式方法对外赋能，培育产业链数字化生态。中小微企业可以通过链接大中企业的平台生态，导入轻量化、易部署、低成本的数字化转型方案，节约改造成本，降低转型难度，倒逼企业导入精益制造，优化业务流程和管理架构，提高数字化转型成功率。

3. 强链条：加强产业链数字化协作

针对当前河南民营企业数字化转型内外协同不足的问题，建议加强产业链数字化发展及数字化产业集群培育。一是鼓励企业间加强数字化协同。构建完善产业系统内纵向合作主体（供应商、制造商、客户等）、横向合作主体（企业、高校、科研院所等）及其他主体（政府、中介、孵化器、金融机构等）网络化合作机制，在重点行业和区域谋划建设一批数字化转型促进中心，重点支持行业龙头企业发挥资本、技术、品牌和产业链、供应链整合优势，开放共享资源和能力，通过工具集成、服务外包、培训共享、合作开发项目等方式强化技术溢出效应，引导中小企业加强产品研发、生产组织、经营管理、安全保障等环节的数字化、智能化改造，推动不同规模企业在设计研发、生产制造、供应采购、市场拓展等方面深化协同合作。二是加强数字化产业集群培育。依托优势产业集群引进培育工业互联网平台，打造数字化产业集群，推动民营企业从信息、资源上平台逐步向管理上平台、业务上平台、数据上平台升级，带动全产业链数字化改造，形成产业集群数字化生态，以数字化推进优势集群和特色产业链生态重构，从而提升河南民营企业产业链整体竞争力。

4. 树标杆：以试点示范加快规模推广

数字化转型是一项投入高、有风险、收益大的战略行动，推动河南民营企业数字化转型应当选取一批转型成功的头部企业、价值显现度高的易现场景作为转型标杆，并对相关实践经验进行总结提炼和复制推广，引领同行业以及产业链相关行业进行数字化转型。一是打造转型样板。根据企业数字化转型推进情况及需求，打造一批可学习的行业级或国家级企业样板，打造标杆学习对象；培育一批可推广、可赋能的系统解决方案，促进全行业全产业链集成发展；探索一批可复制的典型转型路径，实现转型成果的全省推广；建立一批可执行的转型标准规范，沉淀相关实践经验形成知识规范，进而升级为省级或国家标准。二是试点培育企业。设计试点培育方案，明确试点培育企业的主要目标、重点方向，进行技术实现、场景设计、数据治理等相关转型需求方案制定；组织开展试点遴选，设计试点遴选标准，在全省范围内选定一批试点建设企业、项目，依据试点培育的目标及要求，开展培育全过程成效管控；构建价值传播路径，围绕建设过程和转型成效进行试点建设评估，选树试点标杆，推动相关实践经验知识化、标准化，塑造民营企业数字化转型领先品牌。

5. 建生态：完善全链条一体化保障

全力打造数字生态，构建以数字化理念为指引、以数字技术为基础、以深化供给侧结构性改革为主线的数字化转型生态系统，发挥各主体联动效应，以更优的结构助推河南民企数字化生态系统发展。一是优化数字技术工具市场供给。针对民营企业数字化转型进程中高性价比、高适配性工具供给不足的问题，建议全省各级政府综合加强政府采购、研发投入补贴、产品价格补贴、贷款贴息、税收优惠等政策扶持，围绕企业数字化转型面临的数字基础设施、通用软件和应用场景等难题提供系统化解决方案，以技术工具链带动基础设施云化、业务在线化、运营数据化、决策智能化、链接生态化的新型产业集群培育和发展。二是强化全链条公共服务保障体系。针对河南民营企业数字化转型进程中对专业服务的普遍需求，可以由省、市两级政府牵头，以同级工商联为执行组织，统筹数字经济相关龙头企业、高校院所、行业协会、第三方服务机构等主体，搭建数字化转型公共服务平台，整合多方跨界资源，形成全链条、一体化转型服务能力，面向全省民营企业提供政策宣讲、转型咨询、解决方案、技术输出、人才培训等全链条服务，赋能民营企业数字化转型。

参考文献

全国工商联等：《2022 中国民营企业数字化转型调研报告》，2022 年 7 月。

中关村信息技术和实体经济融合发展联盟、中国企业联合会：《2021 国有企业数字化转型发展指数与方法路径白皮书》，2021 年 12 月。

刘晓萍：《分类施策推进制造业数字化转型》，《河南日报》2021 年 10 月 27 日。

赵西三：《转型推进　提速数字赋能》，《河南日报》2022 年 2 月 25 日。

赵西三、宋歌主编《数字化转型战略的河南实践》，社会科学文献出版社，2022。

B.6

河南国有企业数字化转型发展研究

王新哲*

摘　要： 河南把发展数字经济作为提升综合竞争实力的关键之举。国有企业作为河南省经济发展的骨干力量，在推动河南省数字化转型中起支撑和示范作用。针对国有企业数字化转型存在的问题，建议重视数字化战略价值、实施更强有力的战略和运营管控措施，注重数据资源开发利用和价值挖掘等，以全面推动数字经济和实体经济深度融合，这是做强做优做大国有资本和国有企业的重要途径，将有利于开创国资国企改革发展新局面，使国资国企成为实施数字化转型战略的排头兵。

关键词： 国有企业　数字化转型　河南

2022年8月4日，河南省召开数字化转型工作会议，河南省委书记楼阳生强调，要聚焦重点任务，立足于重点突破、全面转型、整体提升，打造以基础设施建设为支撑、核心产业发展为突破、融合应用创新为引领、数治能力提升为关键、数字生态优化为保障的数字化转型新格局，为现代化河南建设筑牢"数字底座"、打造"数字引擎"。河南国资国企作为现代化河南建设的方面军、顶梁柱，必须勇挑重担、敢打头阵，成为实施数字化转型战略的先行军。

一　国企在河南省实施数字化转型战略中发挥支撑作用

豫信电子科技集团有限公司（以下简称"豫信电科"）是河南省委、

* 王新哲，河南省社会科学院数字经济与工业经济研究所经济师，研究方向为企业管理。

省政府发展数字经济产业的唯一功能性省管一级骨干企业，是河南省“换道领跑的引领者、数字化转型的支撑者、创新驱动的领军者、五链融合的践行者”。按照省委、省政府决策部署，豫信电科是数字政府及省级政务云建设运营的统一平台，负责全省数字政府建设运营，推动产业数字化转型，培育数字经济核心产业，孵化布局未来产业。豫信电科先后承建省政务服务网、河南国际贸易“单一窗口”等核心政务设施，助力河南网上政务服务能力提升至全国第8位；成立中原鲲鹏生态创新中心，培育壮大“Huanghe”品牌，打造全国产化黄河鲲鹏云，入选国家“国企数字化转型典型案例”；建设河南最大的第三方大数据中心——白沙中原大数据中心，打造中部数据粮仓；招引300余家大数据企业落地智慧岛，“双创”模式在全省复制推广；主导超聚变X86服务器项目落地，链式发展电子信息制造产业；建设工业互联网标识解析二级节点，推动全国首家食品云在漯河上线；2021年挂牌省国资国企信息和数智化发展中心，推进省属国企数字化转型；2022年成为河南唯一新增的全国“科改示范企业”，并获郑州市总部企业认定，打造国企改革新样板。当前，豫信电科管理资产规模230亿元，在管基金总规模132亿元，带动数字经济相关产业投资超600亿元；参控股企业40余家（含1家上市公司），其中国家高新技术企业7家、国家级科技型中小企业7家、国家涉密信息系统集成资质（乙级）单位1家、省新型研发机构1家、郑州市大数据企业13家、双软认证企业6家，整体技术研发实力雄厚。豫信电科将在持续完善数字基础设施建设的同时，在煤炭、钢铁、水泥、交通和食品等传统领域落地数字化场景应用解决方案，提升中原经济发展动能。

二　河南省国有企业数字化转型实践

河南国有资本和国有企业想要进一步做强做优做大，需要现代化治理体系和治理能力保驾护航，数字化转型势在必行。2022年，省国资委按照数字化转型战略部署，启动了国资国企数智赋能三年行动计划（2022～2024年），推动河南国有企业数字化转型。

通过央地合作，对接数字产业化。中电金信、熊猫电子、奇安信、中机六院、华润数科与河南在新型基础设施、智慧城市建设、电子信息制造业、工业互联网等领域，在建设金融信创生态实验室河南分中心、加速金融信创成果转化等领域，在政务信息安全、工业信息安全、网络安全产业发展和网络安全人才培养等领域开展合作。通过省企合作，对接产业数字化。郑煤机集团、河南水投集团等国企联合豫信电科在软硬件技术支撑、打造行业数智化标杆、智慧产业等方面开展合作，推动产业数字化转型。

河南省专业力量和央企专业化公司共同发力，坚持“项目为王”，以X86服务器、信创工程等项目为牵引，打造国家级计算产业集群。在水泥、钢铁、焦化等“两高”行业，打造信息技术与传统产业融合发展试点示范。推动省管企业加强数字关键技术攻关，打造数字化原创技术策源地，积极布局新型基础设施领域，深度挖掘数据要素价值，抢占未来产业发展制高点。

河南国有企业在国务院国资委印发的《关于加快推进国有企业数字化转型工作的通知》引领下，就推动河南国有企业数字化转型做出部署，有序参与国有企业数字化转型行动计划，在推动河南国有企业产业数字化、数字产业化等方面取得了积极进展，充分发挥河南国有企业在国有经济中的战略支撑作用。河南国有企业在数字化转型中不但参与变革，提升自身战略水平、产品品质与运营效率，还更好满足市场与客户需求，特别是国有大型企业涌现一批数字化转型样板案例，在行业和区域层面起到积极引导和示范作用。

河南投资集团的“智慧集团”建设样板成效显著，河南投资集团成为河南唯一获评国务院国资委国有重点企业标杆项目的单位，“基于全国产化的黄河鲲鹏云生态体系建设项目”入选国务院国资委“2020年国有企业数字化转型典型案例”，集团数据中台建设获中国信通院2020年度大数据“星河”案例成果，合同法务管理系统荣获“2021中国智能合同法务卓越应用实践奖”，智慧投管揽下6项专利，财务共享中心自2019年起连续三年荣获CGMA全球管理会计大奖，实现“财界奥斯卡”大满贯。

安钢集团公司以数字化人才队伍建设为抓手，把绿色发展作为数字化转型的切入点，先后完成环保平台、工业互联网平台等一系列数字化项目；以智能制造为切入点，发力智能制造，旗下安钢股份成为河南省“智能制造标杆企业”。

中国平煤神马集团将深化数字化转型列为集团高质量发展战略核心。2021 年，中国平煤神马集团从顶层设计入手，提出了“1231”智能化建设总体规划。集团统一数字化转型战略，围绕“智慧企业、智能矿山、智能工厂”三大业务板块建设，持续打造集团工业互联网平台，建设工业云中心、工业大数据中心及共享运营中心。集团旗下平宝公司成功入选国家首批智能化示范煤矿名单，有 6 家下属单位通过省级智能工厂、智能车间评定。

三　河南国有企业数字化转型存在的问题

虽然河南省部分头部国有企业在数字化转型中表现突出，但是河南国有企业行业分布广、企业发展不平衡，还有相当多的国有企业对数字化转型认识不足，在数字化转型中存在以下问题。

（一）转型价值目标不清晰，价值效益不易显现

大部分国企认识到数字化转型的重要性，制定了数字化转型战略，但是转型战略定位和目标相对比较保守，数字化转型对国企创新发展和转型变革的引领作用难以发挥。

主要原因：①数字化转型是一项创新工作，也是长期持续的试错过程，企业需要一套科学系统的方法体系，指导其制定转型目标，尽可能减少试错成本，但当前既无成熟方法作为指导，又难以找到成熟的案例作为参考。②数字化转型资金投入大、持续时间长，企业普遍缺乏清晰的战略目标、实践路径和实施步骤，更注重引入先进系统，没有从企业发展战略的高度进行系统谋划，企业内部尤其是高层管理者之间难以达成共识。数据表明，只有数字化实现跨环节、跨领域集成，价值效益才能充分展现，产生量变到质变的飞跃，才能使价值效益实现指数级增长。

目前，大多数国有企业数字化转型仍处在向综合集成跨越阶段，价值效益尚未明显显现。

（二）现有数字化模式难以满足日益不确定的发展要求

国有企业面临的国际国内竞争环境复杂严峻，市场竞争不确定性显著增加，但大部分国有企业数字化转型工作围绕现有业务展开，以解决现有业务体系和业务流程问题为主，没有形成灵活的解决架构，导致数字化模式无法有效支持业务模式创新和跨组织协作创新，没有形成素质能力沉淀和按需调用赋能业务的轻量化、协同化发展模式，难以满足日益不确定的发展要求。

主要原因是：①企业长期受规模经济专业化分工发展模式的影响，内部各部门职责分明、分工明确、专业壁垒高筑，资源共建共享、跨部门协同协作等开放意识不足，原有利益格局和权力体系较难打破；②企业数字化转型多以技术导向、业务导向为主，前期推进信息化过程中使用大量套装软件，并主要依靠外部公司供应商进行系统实施，使企业无法形成知识沉淀与迭代创新，也无法有效实现产品全生命周期、全价值链贯通；③企业整个团队的业务知识结构、组织能力、业务逻辑以企业现有传统业务架构为主，缺乏足够的新模式和业务运营经验，难以实现业务模式和商业模式的突破。

（三）数据要素驱动作用尚未充分发挥

数据要素是数字化转型的核心驱动要素，能够打破传统要素有限供给对增长的制约，不断催化和转化传统生产要素。但目前国有企业现场数据采集率不高，能够实现在线自动采集并上传现场数据的国有企业较少，不同业务条线间存在数据壁垒，数据开发利用水平和能力不足，许多国有企业尚未开展专门的数字化建模，只开展了简单的报表应用。

主要原因：①自动化设备的局限性。企业使用的生产装备种类繁多，有国内的也有国外的，设备类型多样化，数据接口和数据格式缺乏统一标准，导致数据难以标准化、规模化、低成本向其他系统传递。②国有企业数据安全的敏感性。国有企业涉及国防、铁路、能源、电信、公共事业等领域，有许多数据涉及国家安全，数据安全成为企业运营的红线，如何在数据安全的前提下实现数据要素驱动，是国有企业必须解决的问题。③国有企业数据治理的复杂性。国有企业与经济、政治、科技、文化教育、民生、国家安全等紧密相连，数据的关联方较复杂，数据的权属不清晰，增加了数据共享和开发利用的难度。

（四）管理机制优化变革不够系统

数字化转型从根本上改变了传统工业化资源争夺壁垒高阻的发展思路，推动形成了更符合新发展理念的改革思路。但国有企业规模大、管理关系复杂、体制机制变革难度大，数字化转型存在从局部切入难以满足系统化、体系化转型要求的问题，战略层面的统筹规划和布局力度不够，仍存在技术和管理“两张皮”现象，数字化转型、科技创新和国企改革等尚未充分融合，用数字领域创新带动传统领域优化能力不足。

主要原因：①国有企业数字化转型需要通盘考虑党建、国家战略支撑、国有企业保值增值、保障就业、技术创新突破等多个方面，使国有企业系统性推动数字化转型所要考虑的综合要素更多，受到的阻力也更大，对决策者统筹能力和改革魄力提出更高要求；②国有企业组织结构复杂且调整难度大，决策方式多为自上而下模式，审批流程长、决策缓慢，市场需求灵活响应能力不足，缺乏精细化管理手段和决策依据。

（五）全员数字化思维和能力存在差距

数字化转型对国有企业全员数字化思维和能力提出新的要求，多数传统产业国有企业面临人才紧缺挑战，难以满足企业数字化转型要求，国有企业迫切需要既懂业务又懂数字化转型的专业人才。

主要原因：国有企业对数字化人才激励不足，没有合理的绩效考核和激励机制，尚未建立数字人才培养、数字人才岗位管理等制度，缺乏数字人才培养和赋能体系。

四 对河南国有企业数字化转型发展的建议

（一）重视数字化战略价值，从多元化投资、财务管控转向更强有力的战略和运营管控

数字化战略明确企业数字化转型的本质，是企业数字化转型的共同目标和共同愿景，是将数字化转型从领导想做、个别部门想做变成企业必须做、大家一起做的共同战略。

实现国有资产保值增值是国有企业的重要职责，传统方式以多元化投资、财务管控为主。数字化为国有企业实施更强有力的战略和运营管控提供了基础条件，一方面通过建立数据驱动的战略闭环管控和动态优化机制，不断增强战略控制力、竞争力和创新力，更好统筹国有资本做大做优做强；另一方面国有企业尤其是集团型国有企业要通过建立统一管控平台，扩大管控范围，加大管理、管控力度，实现全企业资源资产集中运营管控和配置优化，从而不断提升国有资产利用效率，实现国有资产保值增值。

（二）重视数字化新技术、新产品、新模式和新业态创新

随着新一代信息技术和业务融合的不断深化，国有企业应在实现业务流程数字化管理运行的基础上，培养数字化人才，应用新一代信息技术构建数字时代竞争能力，对内建立数据驱动的智能辅助决策和全局优化体系，不断提升全要素生产率；对外通过数据资产化运营，培育壮大数字业务，形成数据驱动的新技术、新产品、新模式和新业态。

切实发挥国有企业产业龙头牵引作用，大力创新推动数字技术与实体技术深度融合，从企业内部单元及业务场景，逐步扩展到全领域、全价值链、生产业链业务场景。

（三）重视从数据管理转向数据资源开发利用和价值挖掘

数据是数字经济时代最关键的生产要素也是国有资产的核心资产，建立

规范的数据标准和有效的管理机制，为数据采集、存储、传递奠定了坚实的基础，数据工作重心逐步转向数据资源开发利用和价值挖掘。

（四）重视从数字化支撑按分工高效运行转向数字化赋能、跨部门跨企业组织管理

信息技术对赋能组织职能部门、业务部门高效履行职责发挥重要作用。进入数字经济时代，职能驱动型组织结构和管理方式难以快速响应市场的不确定需求，建议企业利用数字技术手段打破部门壁垒，促进数据、资源、知识等高效利用和按需共享，推动跨部门、跨城市、跨企业的组织管理变革，加速向平台化、生态化柔性组织转变。

（五）重视从 IT 资源上云转向能力平台

云平台是支持企业轻量化、协同化、社会化发展，推进数字化转型的重要工具。由于市场环境不确定性的持续加剧，单纯的 IT 资源上云已经难以满足企业柔性发展的需要，建议向下赋能企业内外资源按需配置，向上赋能以用户体验为中心的业务轻量化、协同化、社会化发展，推动企业快速低成本开展多样化创新，提升应对不确定性的自适应能力和水平。

（六）重视以项目管理为中心的治理模式转向系统化治理模式的研究

数字化转型是一项系统工程，数字化转型治理不只是 IT 治理。传统的单点项目制治理模式容易形成数据孤岛，而且束缚了数据要素的创新。建议重视并实施以企业架构为核心的数字化转型顶层设计，构建涵盖技术、流程、组织等要素，持续改进的协同治理机制，统筹推进技术应用，保障数字化转型的整体性、协作性和可持续性。

参考文献

安筱鹏：《重构：数字化转型的逻辑》，电子工业出版社，2019。

周良军、邓斌：《华为数字化转型》，人民邮电出版社，2021。

中关村信息技术和实体经济融合发展联盟、中国企业联合会：《2021 国有企业数字化转型发展指数和方法路径白皮书》，2021 年 12 月。

B.7

河南县域制造业数字化转型发展研究

尚思宁*

摘　要：　县域制造业是河南工业高质量发展的重要基石，也是大有可为的潜在增长领域。伴随数字技术驱动的第四次工业革命昂扬发展和当前复杂的经济形势，"十四五"期间河南县域制造业亟须在数字化转型升级领域取得积极进展。本报告通过分析河南县域制造业数字化发展的优势与挑战，围绕顶层设计、数字基建、服务平台、人才梯队等方面，探索适合县域制造业的数字赋能路径，对河南夯实县域制造业"压舱石"、建设"数字强省"具有参考意义。

关键词：　制造业　县域经济　数字化转型　河南

"县域强则省域强"，县域经济作为链接城市和乡村经济的桥梁纽带，是河南经济社会发展的重要单元。截至 2021 年初，河南省共有 158 个县级行政单位，数量高居全国第 4 位，县域面积约占全省总面积的 88.5%，县域人口约占全省总人口的 73%。2021 年，县域整体经济规模突破 3.5 万亿元，占据河南经济的最大权重。

从 20 世纪 90 年代"十八罗汉闹中原"，乡镇激烈竞争，到如今工业强县地位举足轻重，河南县域制造业逐步发展壮大。2021 年初，河南县域工业增加值占全省的比重超过 70%，规上工业增加值占全省的比重超过 60%，驶入发展"快车道"。目前，河南省已培育千亿级产业集群 19 个、百亿级特色产

* 尚思宁，河南省社会科学院数字经济与工业经济研究所研究实习员，研究方向为产业经济学、数字经济学。

业集群127个，[①] 打造了一批特色鲜明兼具竞争力的区域品牌，譬如洛阳装备制造、漯河食品加工、商丘服装纺织等。其中，县域百亿级特色产业集群78个，占比达60%以上，如长垣卫生器材、内乡农牧装备、光山羽绒等，发展潜力巨大。[②]

与此同时，数字经济在河南经济中的地位愈发稳固。“十三五”期间，数字经济对河南省地区生产总值年均贡献率大于50%。腾讯研究院相关数据显示，2020年河南数字化转型指数居中部首位，跻身全国前10。2021年，河南省数字经济总量突破1.74万亿元，占全省地区生产总值的29.6%，成为发展的中流砥柱。其中，产业数字化规模突破1.45万亿元，同比增长15.4%；数字产业化规模突破0.28万亿元，同比增长10.9%，是带动未来增长的“绝对引擎”。

当前，省际竞争的主要角力点仍然在制造业上。依靠数字技术和数据资源赋能，打造现代化制造业体系、提高生产效率、拓展增值空间，是河南从“制造大省”向“智造强省”转变的必由之路。河南省突出智能制造的引领作用，努力建设全国智能制造先行区，信息化和工业化融合发展水平不断提升。根据工信部发布的《中国两化融合发展数据地图（2021）》，2021年河南省信息化和工业化融合发展水平居全国第13位、中部地区首位。根据《河南省数字经济发展报告（2022）》，2021年河南省工业数字经济渗透率达17.9%，同比提升0.9个百分点；全省规模以上电子信息制造业增加值增速达24%，高于工业增加值增速17.7个百分点。河南紧抓新一代信息技术革命和产业变革新机遇，让“县域制造”这个“关键变量”成为未来的“有效增量”，实现河南制造业的“弯道超车”和“梯队领跑”。

一　河南县域制造业数字化转型优势

河南坚持以数字产业化、产业数字化为主线，着力培育新业态新模式，

① 《河南已培出19个千亿级产业集群127个百亿级特色产业集群》，中国新闻网，2020年10月27日，https：//www.chinqmews.com/sh/2020/10-27/9323819.stml。

② 《河南省县域制造业发展报告（2022）》，2020年10月15日。

全省数字经济呈现积极发展态势，给县域制造企业发展升级带来了更多机遇。

（一）政策体系逐步完善

河南以数字经济“1号工程”为牵引，完善数字化发展顶层设计。制定《河南省“十四五”数字经济和信息化发展规划》《河南省数字经济促进条例》《河南省推进新型基础设施建设行动计划（2021—2023年）》等规划条例，为全省数字经济发展保驾护航。

为推进产业数字化转型，河南陆续发布《河南省推动制造业高质量发展实施方案》《河南省深化制造业与互联网融合发展实施方案》《河南省制造业数字化转型揭榜挂帅活动实施方案》《中小企业数字化赋能专项行动方案》《河南省“企业上云上平台”提升行动计划（2021—2023年）》《河南省“互联网+”行动实施方案》等方案措施，指导制造业与数字创新技术有效融合发展。

（二）制造产业发展良好

经多年发展，河南制造业规模总量连续多年稳居全国第5位、中部地区首位。目前，河南拥有41个行业大类中的40个、207个行业种类中的199个，拥有较完备的产业体系。2020年，全省制造业企业数量达13.8万户，规模以上工业企业近2万户，完成工业增加值1.8万亿元。其中，装备制造、食品制造、电子信息、汽车制造和新材料等具备一定的规模优势。

县域制造业发展稳中向好，培育出一批特色产业和“单项冠军”企业。截至2021年底，河南规划产业集聚区185个，其中县域集聚区达122个，约占全省的2/3，形成了巩义铝制品、长垣起重、临颍食品、中牟零部件等具备规模优势和辐射力的产业集群。2022年，巩义（45位）、新郑（56位）、永城（60位）、济源（71位）、新密（74位）、汝州（94位），共计6个河南地市上榜赛迪百强县，并有万洲国际、洛阳钼业、牧原集团等24家豫企上榜“2022中国制造业企业500强”，比2021年增加两家，其中天瑞集团、河南金汇、明泰铝业等为河南30强县（市）领军型民营制造企业。

（三）数字化转型基础渐牢

县域网络基础不断夯实，为数字化转型提供了丰腴土壤。“光网河南”行动全面升级，全省100M以上宽带用户占比达99.1%，居全国第1位，实现乡镇以上千兆光网全覆盖；移动互联网接入流量快速上涨，2020年突破94亿GB。河南县域城乡信息通信网络建设一体化行动不断推进，2021年河南新建5G基站5.17万个。在全省5G终端用户突破3000万户的基础上，部署5G独立组网，实现乡镇以上和农村热点区域5G全覆盖。①

河南省已累计建设省级智能车间516个、智能工厂218个，打造智能制造标杆企业44家；初步建立“1+37”工业互联网平台体系，在矿山装备、起重装备、智能农机等领域居于领先地位，累计上云企业15.4万家。截至2021年，河南省先后确定省级制造业创新中心培育单位19家，正式认定省级创新中心14家，鼓励部分地市开展县（市）级创新中心创建，打造省、市、县三级创新中心培育建设网络。②

二　河南县域制造业数字化转型面临的挑战

河南数字经济发展起步稍晚、技术偏弱、规模较小，整体发展水平未能跻身全国前列，数字化贯通和赋能县域制造业的力度不足。与广东、浙江、江苏等第一梯队相比，河南县域制造业数字化转型能力和成效并不理想，在政策、结构、资金、技术、观念、人才等方面还有较大进步空间。

（一）县域制造业广而不强

2021年，河南全部工业增加值为1.88万亿元，与第4位浙江差距为

---

① 河南省通信管理局、河南省互联网协会：《2021河南省互联网发展报告》，2022年6月。

② 《河南省已培育建设19家制造业创新中心》，河南省人民政府网站，2021年4月12日，http：//www.henan.gov.cn/2021/04-12/2124670.html。

2373亿元，比第6位福建高997亿元，可谓“标兵渐远，追兵渐近”。规模以上工业企业利润情况也不容乐观，2021年仅居全国第15位，比2020年下滑7位。如此大环境下，“传统多、新兴少”的河南县域制造业平稳发展，但实力总体偏弱、产值规模及产业集聚规模偏小。传统农业县与工业强县技术沉淀“薄厚不一”，在数字化资源投入状况和数字赋能成效方面存在差距，“数字鸿沟”现象不可忽视。

1. 产业结构有待升级

河南县域传统产业占比较大，如农副产品生产、矿产资源加工、有色化工制造等。2021年，河南规模以上工业增加值中，高技术制造业、战略性新兴产业占比分别仅为12%和24%，传统产业、高耗能产业占比分别高达48.4%和38.3%。关键性数字化资源、数字化技术、核心科技端、关键零部件、先进材料、芯片制造等高精尖科技领域，还存在诸多短板和薄弱环节。县市园区企业数字化、智能化发展不足，数字带动效应乏力，存在主导产业链条短、产业间横向关联度不高、服务型制造业和生产性服务业发展迟缓、配套基础设施陈旧等问题，影响县域制造业数字转型升级深入推进。

2. 创新能力亟须增强

《中国区域创新能力评价报告2021》显示，河南区域创新能力位列全国第14、中部第4。河南规模以上工业企业中有研发活动的占24.7%，低于全国平均水平，仅为江苏、浙江的一半，在中部地区仅高于山西省。创新领域的“马太效应”明显，多数专利集中于城市龙头企业，县区企业创新能力总体薄弱。在河南县域制造业企业中，技术密集度低的传统制造业企业数量占绝对主导优势，以传统加工为主，产品种类单一、附加值低；技术中心研发实力达到省级认定标准的企业较少，自主创新能力不足；在推进产学研合作方面，重视程度高、投入力度大、合作成效显著的县域企业较少。

3. 数据壁垒需要打破

目前，河南县区工业园和产业集群分布较零散，缺乏统筹协同，难以实现数据互通、资源共享、管理同台。各工业企业运用的数字系统之间难以进行信息共享，“数据割据”“数据孤岛”“信息烟囱”等现象仍不同程度存在，海量数据价值没有得到充分挖掘利用。

（二）企业数字化水平尚低

1. 规模不优

研究证明，中小型企业了解并享受的数字化政策红利明显少于大型企业。为稳定县乡就业情况，多数县域制造业企业仍然大量依赖人工，生产效率低下，整体数字化转型意愿低，或者主观认为数字化转型对企业发展助力不大。河南省第四次经济普查显示，河南省拥有中小型制造企业 13.56 万家，占全省制造业企业总数的重高达 99.7%，从业人员超过 523 万人，占全省制造业从业人员总数的 77%。中小型制造企业是河南县域制造业的中坚力量，“不愿转”“不能转”问题是其实施数字化转型的难点。

2. 意识淡薄

县域多数是经济底子薄、数字化欠发达、产业链条不完备的地区，维持生存是多数县域制造业企业的首要任务。县域企业家数字素质也亟待提升，对工业互联网、智能制造理解不深，对数据价值的挖潜不够，对数字项目持续投资积极性不高，对数字化转型的认知不清晰、动力不足。加上“小富即贵”的老旧思想，导致县域企业家缺乏前瞻性和魄力，县域企业“不敢转”问题突出。

3. 能力欠缺

河南省附加值较低的终端加工制造业占比约为 70%，其中多数集中分布在县域。据工信部抽样调查结果，河南仅有 26.5%的工业企业信息化建设达到创新突破的高水平阶段，低于全国平均水平 4.6 个百分点。尤其是县域企业，存在规模小、技术弱、资金少、人才缺乏等条件桎梏，在当前数字化、智能化、平台化升级浪潮中处于“随波逐流”状态，“不会转”问题凸显。

4. 投入不足

河南省制造业数字化转型研发投入总额增长较快，但投入力度较大的企业主要分布在城市，县域企业仍有较大提升空间（见表 1）。实际上，许多县域企业产品已经在细分领域国内外市场上打响知名度，如许昌瑞贝卡假发、南召波斯地毯、鹿邑化妆用具、柘城培育钻石、郏县珐琅锅等。如果在数字化转型研发领域加大投入力度，提高技术应用和智能化管理水平，利用好市场数据资源，迈向智能柔性生产和个性化定制模式，或者在电商运营和互联网宣传推广方面加大投入力度，将有利于进一步擦亮企业品牌形象，提高市场竞争力。

表1　2015~2019年河南省制造业数字化转型研发投入情况

单位：人，万元

类别	2015年	2016年	2017年	2018年	2019年
研发人员	52250	54270	54843	54137	89799
研发支出	3385402	3845547	4460138	6123864	5737369

资料来源：河南省统计局网站。

（三）数字基建、设备、服务支撑薄弱

县域数字基础设施建设和应用滞后，对企业数字化转型支撑不足。河南省制造业企业缺少成熟的数字化设备和软件运行系统，数字技术与县域制造业融合不够深入，缺乏标志性重大项目。河南县域企业高精尖设备和数字核心软件与郑州、洛阳等城区企业相比，差距明显。前沿智能设备、零部件和内置系统主要依赖外部引进，“卡脖子”形势严峻。县域企业购入使用的数字设备生产线多是头部企业迭代升级后“淘汰”的，难以满足企业数字化转型需求。数字技术创新和应用能力较弱，“水土不服”情况并不鲜见，即引入的智能化改造项目并不适应县域企业生产，数字化转型落地困难。

数字化服务能力较为薄弱。本土数字化服务提供商普遍存在核心技术薄弱、应用领域单一等短板，“重基础、轻应用”情况仍然突出。工信部先后认定166家系统解决方案供应商，河南省仅中机六院、大河智信两家入选，导致河南企业难以从外部获取技术和资源支持。

（四）数字人才支撑不足

数字人才短缺是横亘在所有数字化转型升级企业面前的一大难题。河南省人才交流中心数据显示，河南紧缺人才主要集中在汽车与高端装备制造、电子信息、现代食品制造等数字经济重点领域。

人才储备方面，县域存在“流失多，引入难”现象。河南本土毕业生更倾向去北上广等发达地区就业，河南外出求学获得高学历的专业人才选择回到家乡发展的数量也很少，尤其是数字学科带头人、技术领军人才。县域经济规模较小，企业平台较低，受薪资待遇、发展前景、产学研用环境、区位条件、人才激励机制等因素影响，企业吸引人才来县城乡镇就业的能力不足，县域企业人才缺乏程度可见一斑。

人才培养方面，河南开设数字相关专业院校少，培养周期滞后，人才供给与企业需求脱节。县域高校和科研机构数量与质量相对不足，产学研合作零散，难以对本土数字化发展形成有效支撑。同时，县域制造业企业面临技术工人、高素质管理人员、数字营销人员等复合型人才短缺问题，进一步制约了制造业转型升级的深入推进。

三　河南县域制造业数字化转型发展的对策建议

（一）完善顶层设计，强化政策匹配度

数字化转型是一项高复杂性的系统工程。针对传统制造业的制度规范已不能完全适应数字技术发展渗透带来的行业变化。河南省相关部门已进行积极探索，出台《河南省推进“5G+工业互联网”融合发展实施方案》等文件，但仍需进一步聚焦县域制造业，围绕信息技术安全、数据保护、知识产权、反垄断等领域，加快研究形成制度规范，提高政策的确定性和精准性，为县域企业数字化转型提供相应支持。同时，鼓励各县区结合自身实际和资源禀赋，围绕基础设施、能源供应、用地保障、资金扶持、招商引资、技术

推广等方面，出台具有本地特色、灵活高效的配套措施，形成省、市、县（区）三级顶层设计相统一、业务系统相协调，联合推进制造业数字化转型的良好局面。

（二）加大投入力度，增强资金支持

财政税收方面。充分发挥政府资金的杠杆作用，强化对县域企业数字化转型的整体投入。以税收优惠、重点政府项目专项基金、扶持资金池为牵引，为县域企业数字应用技术研发和试验活动提供相应补贴支持。加强“放管服”改革，进一步扩权、放权，让县级政府充分享有部分经济社会管理权限，特别是加大县级政府一般性转移支付力度，扩大县级财政自主权，做到财权与事权相匹配，从体制机制上改善县域发展资金问题。

金融市场领域。健全政府融资担保体系，通过政策性银行专项贷款、政府基金等市场运作方式，支持县域制造业企业智能升级。鼓励金融机构创新融资工具，如“科技贷”“数字贷”等，发展股债联动、知识产权质押等金融产品。鼓励引导风投基金和社会资本流向县域企业数字化改造项目，建立省级制造业高质量发展企业“白名单”和重大项目库，鼓励金融机构优先给予入单（库）企业融资支持。

（三）优化数字生态，营造转型软环境

制造业数字化发展需要高端要素和优质软环境，需要在县域数字经济生态圈层上培土奠基。引培市场主体。县区要有力有序承接国内外制造产业转移，加快构建现代产业体系，扎实推进区域合作，重点承接东部沿海地区产业转移。各县区依据自身资源禀赋，在细分赛道上打造“小而美”的智能制造企业。推进平台建设。积极推动各县区“5G+工业互联网”平台搭建，提升产业链协同发展水平。加快企业上云。各县区加强本地企业上云上平台政策宣传，同时加强与移动、联通、电信等云服务商对接，针对不同类型、不同规模的制造业企业制定专有上云方案。营造科创氛围。加强县级智慧岛、数据产业园区、软件产业园区和科创孵化园等载体建设。

（四）夯实数字新基建，提升数字技术应用水平

拥有高质量数字基础设施，是实现数字化转型的“万里长征第一步”。鼓励各县区加快5G、千兆光纤、算力设施、工业互联网平台、移动物联网等新一代信息基础设施建设，筑牢数字化底座，赋能数字化转型。推进IPv6部署应用，优化提升网络性能和速率，降低中小企业宽带和专线平均资费水平，尤其是要针对县域企业加大支持力度，以减少“数字鸿沟”。

加快建设融合基础设施。为县域交通、能源、生态环境等传统基础设施插上数字化翅膀，建立能够支持河南云服务提供商的生态系统，高效率提供和共享数据及服务。完善网络安全保障体系，建立健全工业制造业App应用前安全检测机制，强化应用过程中用户信息保护和数据安全保障。鼓励具备条件的县区开展工业互联网安全应用示范县区建设。以河南制造业“556”产业体系数字化转型重大需求为牵引，聚焦县区传统产业、优势产业集群，推动一批“卡脖子”关键技术取得重大突破。加快形成线上线下融合的科技成果转化和技术交易系统，带动县域制造业企业技术创新能力和数字应用水平提升。

（五）搭建公共服务平台，挖掘数据资源价值

在县域制造业企业数字化转型过程中，提供各类解决方案的平台能够发挥较大作用。建议努力打造以平台为核心的数字化赋能体系。例如，法国推出了支持企业数字化的公共平台FranceNum。我国一些互联网平台已开始打造低成本的数字化转型工具箱，如腾讯千帆。持续实施企业上云上平台提升行动，推动县域企业研发设计、生产制造、经营管理、运维服务等关键环节广泛上云，构建“大企业建平台、中小企业用平台”的融通发展格局。

加快培育数据交易市场，强化数据应用。加大制造业数据归集和开放力度，丰富数据产品种类。结合量子通信和区块链技术布局建设自主可控的大数据交易平台，支持县区根据实际需要建立不同细分领域的数据交易市场。提质发展大数据产业园，加快推进各县区产业园区数字化、智能化改造升

级，建设一批智能化示范园区。通过大数据云计算分析市场需求，牵引带动河南县域传统制造业向智能化、服务化、人性化发展，打造一批制造业“数字强县”。

（六）实施中小企业数字化赋能行动

中小企业作为河南县域制造业发展的主体，其转型成效直接决定县域制造业数字化水平。完善中小企业数字化赋能体系，精准对接转型需求。构建制造业创新网络，使城市龙头企业、高校、实验室、研究机构等的创新能力能够辐射到县域，形成省内数据互联互通整体生态，在一定程度上降低中小企业跨越“死亡山谷”的难度。引进培育数字化服务提供商，设立企业数字技术中心，为企业尤其是县域小微企业数字化转型提供一站式服务，包括与科研机构建立联系、上门开展数字化转型诊断、推荐数字设备和软件系统供应商、解读发展规划政策等。

（七）打造数字人才梯队，充盈制造业“数智库”

一方面，借助“招才引智”“中原英才计划”等重大人才工程，开展制造业“智鼎中原”行动，提高数字人才占比。搭建制造业人才供需平台，出台县域制造业数字化人才专项政策，以县为单位，联合举办制造业高质量发展人才招聘会，精准对接、双向纾困。另一方面，坚持产教深度融合，鼓励县域高职院校和专业技校开设工业互联网、人工智能相关专业。支持县域企业、产业园区与本土高职高专建立人才合作培育机制，为学生提供大量数字经济实习机会。充分利用河南科技创新驱动体系平台，启动“县域数字工匠”培养计划，常态化开展数字技能类职业技能竞赛，提高县域工人数字化素质和智能化生产技能水平。同时，切实有效开展数字经济领域相关培训，提升基层公务员和社会从业人员对产业数字化发展的认识、管理和参与水平。

参考文献

陈璐：《扎实推动制造业提质增效》，《中国社会科学报》2022 年 1 月 19 日。

《新发展阶段河南县域经济高质量发展的路径》，《河南日报》2022 年 4 月 11 日。

张东阳：《数字化转型赋能先进制造强省建设》，《河南日报》2021 年 9 月 15 日。

刘剑平、夏换：《数字经济时代县域经济创新发展之路》，《中国经贸导刊》（中）2021 年第 6 期。

国务院发展研究中心"我国数字经济发展与政策研究"课题组等：《我国制造业数字化转型的特点、问题与对策》，《发展研究》2019 年第 6 期。

产 业 篇

Industry Reports

B.8

河南数字经济核心产业发展思路与建议

韩树宇*

摘　要： 发展数字经济已经上升为国家战略。数字经济作为一种新的经济形态正在成为引领经济社会发展的重要力量。在数字经济时代，河南数字经济发展面临机遇和挑战，如何抢占数字经济发展新赛道、抓住数字经济发展重大机遇，是河南当前及未来亟待探索的重大问题。因此，有必要依据《数字经济及其核心产业统计分类（2021）》对数字经济核心产业的界定，挖掘河南数字经济核心产业存在的问题，并根据河南数字经济发展现状，从创新驱动、集群发展以及数实融合等方面梳理数字经济核心产业发展思路，为河南数字经济发展提供建设性意见。

关键词： 数字经济核心产业　数字产业化　河南

* 韩树宇，河南省社会科学院数字经济与工业经济研究所研究实习员，研究方向为产业经济。

加快推进数字经济核心产业发展是提升我国数字经济和信息化发展水平的重要手段。2021 年，国务院印发的《“十四五”数字经济发展规划》提出，到 2025 年数字经济核心产业增加值占国内生产总值比重达到 10%。按照国家统计局《数字经济及其核心产业统计分类（2021）》的定义，数字经济核心产业是指为产业数字化发展提供数字技术、产品、服务、基础设施和解决方案，以及完全依赖于数字技术、数据要素的各类经济活动，主要包括数字产品制造业、数字产品服务业、数字技术应用业、数字要素驱动业等类别。数字经济核心产业的界定为数字经济发展划定了产业范围、指明了产业发展方向。2021 年，河南省政府印发的《河南省“十四五”数字经济和信息化发展规划》提出，经过 5 年努力，河南省数字经济核心产业规模实现倍增。因此，根据河南省“十四五”时期数字经济核心产业发展目标和当前河南数字经济发展状况以及数字经济核心产业的范围界定，结合数字产品制造业、数字产品服务业、数字技术应用业以及数字要素驱动业等具体产业方面的优势和不足，有必要梳理河南数字经济核心产业发展存在的问题，进而提出相应的产业发展思路和发展建议。

一　河南数字经济核心产业发展存在的问题

2021 年，河南省数字经济规模突破 1.7 万亿元，增速为 14.6%，数字经济占地区生产总值的比重为 29.6%，呈现稳中向好的发展趋势。数字产业化规模突破 2800 亿元，占地区生产总值的比重为 4.9%，达到 2016 年以来的最好水平，电信业和电子信息制造业贡献突出，分别居全国第 5 位和第 9 位。可以看出，河南数字经济规模在持续扩大，数字产业化呈现快速发展势头，但是河南数字经济核心产业发展仍存在诸多不足，发展质效问题仍需得到关注，发展潜力需要进一步挖掘。

1. 创新动能不充足

河南数字技术应用较为广泛，但在核心技术基础研究方面面临创新不足问题，数字经济核心技术和关键领域研发水平与数字经济强省相比还存在差距，数字技术创新发展动能尚不充足，在高端芯片、工业控制软件、核心元器件、基本算法等与数字经济核心产业相关的关键技术方面仍然不能实现重大技术突破。核心关键技术对外依存度高，导致企业更注重商业模式创新，产品与服务创新较弱，制约了河南省数字技术产业化应用和推广。目前，河南创新创业氛围不浓、创新能力不强已经成为制约河南产业升级和技术进步的主要短板。河南在人工智能、区块链、新零售等互联网新业态新模式领域原创较少，在数字经济核心产业领域缺少创新型龙头企业，导致河南数字经济核心产业存在规模小、层次低、产业体系不完善等问题。

2. 集聚效应不明显

随着数字经济核心产业的发展，资本、技术、人才等要素将实现全面集聚，集聚效应带来产业体系的完善和规模效应的提升。但是，目前河南数字经济核心产业集聚效应还不明显，还未形成一定规模的产业集群，政府对数字产业集群的培育也未形成相应的顶层设计，缺乏相应的规划引导。相比数字经济发达省份，河南在数字产业集群发展方面明显滞后。根据《大数据看数字中国的现状与未来》，我国数字经济类企业已形成五大集聚区域，五大集聚区域分别为京津地区、长三角地区、珠三角地区、成渝地区和两湖地区（武汉、长沙）。五大集聚区域已经形成一定的集聚优势，由此带动地区数字经济核心产业规模提升。河南在数字经济核心产业集聚上存在差距，集聚优势相比五大集聚区域较小。集聚效应不明显引发数字经济企业分散、产业链不完善和产业规模弱小等问题，进而很难形成龙头优势和集群优势，影响数字经济核心产业规模的扩大。

3. 扶持政策不完善

近年来，河南数字经济快速发展，数字经济核心产业体系日益完善。但是，快速发展的背后暴露出政策支撑体系不健全等问题。目前，河南已出台《河南省“十四五”数字经济和信息化发展规划》《河南省数字经济促进条例》《2022 年河南省数字经济发展工作方案》等文件，在顶层设计上有了一定的突破，对数字经济发展有一定的指导意义。但是，河南缺少对数字经济核心产业发展的具体指导意见，缺少对整个数字产业发展的顶层规划，缺少对细分领域具体的专项规划指引，尤其是缺少对数字型企业的扶持和培育，全省还未出台相应的扶持政策。河南数字经济发展水平与沿海发达地区相比还存在差距，数字型企业竞争力亟待提升，数字经济发展环境亟待改善。在发展存在差距的背景下，河南想要招引更多的数字型企业入驻、培育数字型企业做大做强、提升数字经济核心竞争力，就必须在政策扶持上做好文章，进而激发河南数字经济发展潜力。

二　河南数字经济核心产业发展思路

1. 创新驱动，为数字经济核心产业发展提供技术支撑

坚持创新的核心地位，深入推进数字技术创新和应用，围绕构建数字技术创新体系，持续加强基础研究、技术攻关、成果转化全链条布局。聚焦原始创新，强化应用导向的基础研究，组织重大原创性技术的科研攻关及成果转化，瞄准量子科技、智能物联、未来网络等领域关键科学问题，力争取得一批重大原创成果。围绕前沿先进技术，组织前瞻性研究和布局，推动协同创新机制的形成和完善，进一步优化完善定向择优、揭榜挂帅、赛马制等组织方式，积极探索目标导向的重点攻关任务形成机制。加快形成“政产学研介用金”一体化协同创新生态系统，构建集政府、企业、产业联盟、高等院校、科研院所、服务中介、用户以及金融机构等于一体的创新生态和创新联合体，共同推动元宇宙、大数据、区块链等新一代信息技术的研究和成果转化，促进数字经济新业态持续涌现。聚焦战略急需，强化科技成果集成创新，以重大战略产品为牵引，推动离散式科技成果转化向产品集群培育转变，带动重点产业整体创新能力持续提升。

2. 集群发展，加快数字创新型企业集群培育

打造数字技术创新主力军，加快培育一批数字经济领域高新技术企业，着力打造创新型企业集群，以数字创新型企业集群推动数字经济核心产业高质量发展。发挥领军企业带动作用，面向数字经济核心产业，加快培育具有全球竞争力的创新型领军企业，加强政策精准支持，引导领军企业加大研发

投入力度，建设高水平研发机构。鼓励数字经济领军企业开放创新平台、数字资源和应用场景，为中小微企业提供技术验证示范机会，带动上下游企业加速实现数字化转型，提升全流程、全链条数字化水平。大力培育高新技术企业，开展高企培育“小升高”行动，加强政策宣传和业务培训，优化认定管理操作流程，建立省地联动培育工作体系，量质并举壮大电子信息、智能传感器、信息技术服务等重点领域企业规模。推动中小微企业创新发展，完善高成长性科技型中小微企业挖掘、培养、扶持机制，加强孵化器、众创空间等科技创业载体建设，引导金融资本支持中小微企业研发创新，使中小微企业成为数字技术创新重要发源地。

3. 数实融合，推动数字经济核心产业与实体经济融合发展

数字产业化和产业数字化要围绕实体经济展开，强调数字经济与实体经济的融合发展。数字经济核心产业的发展必须以实体经济为根基，围绕实体经济推进数字技术创新、应用和技术成果转化。强化制造业数字化转型科技赋能，大力推进新一代信息技术与先进制造技术融合创新，重点突破核心工业软件、工业操作系统、智能传感器等关键技术，研发分布式智能控制系统、数据采集和视频监控系统、建模与仿真软件等自主化产品，加强智能计算、边缘计算等新型算力供给，制定多层次智能制造解决方案，支撑先进制造业集群和优势产业链加快“智改数转”。强化农业数字化转型科技赋能，聚焦智慧农业和智能农机装备等领域，加强农业大数据、农情立体感知、农作物智慧管理、农业机器人等关键技术和产品研发，建设一批农业科技综合示范基地，加强数字农业技术应用推广。建立完善农业科技信息服务体系，提升信息技术惠农便民水平，支撑乡村振兴战略实施，带动农业农村现代化发展。强化服务业数字化转型科技赋能，扩大服务业数字技术供给规模，加强区块链、智能仓储、产业互联网等关键技术研发和应用，拓展金融科技、智慧物流、电子商务等应用场景，围绕人工智能、科学数据、碳排放监测与核算等领域，布局建设跨学科、跨领域、多主体的科技公共服务平台，推动研发设计、技术转移、检验检测等技术服务数字化发展。

三　推动河南数字经济核心产业发展的建议

1. 大力培育数字经济龙头企业

目前，河南缺少在全国范围内具有较强影响力的数字经济企业，技术研发、自主创新能力普遍较低，还未形成较为完整的数字经济生态圈和创新链。基于现实基础和发展潜能，政府应大力引进和培育数字经济龙头企业，通过全要素资源整合、重构和再配置，培育交叉融合新业态，从而形成“引进企业、做大企业、聚集企业”的完整生态链闭环，抓住数字化改革红利，抢占跑道。给予世界500强中的数字经济核心产业企业，以及全国电子信息百强、软件百强、互联网百强企业最大力度的政策支持，鼓励企业来豫投资创业，鼓励其设立总部、区域总部和研发中心、技术中心、采购中心、结算中心等功能性机构。建立重点培育企业成长档案，提供常态化跟踪服务，对新认定的数字经济核心产业国家级和省级“专精特新”中小企业、专精特新“小巨人”企业等进行重点培育和政策支持。

2. 大力培育数字经济技能型人才

随着数字化转型的不断深入，在培育数字经济新产业、新业态和新模式的要求下，数字人才日益成为我国创新驱动发展、企业转型升级的核心竞争力。作为技术和创新的载体，数字人才是数字经济发展的核心驱动要素，高校毕业生更是宝贵的人才资源。应进一步健全更高质高效促进就业机制，全力推进人才政策体系和相关举措落实落地，积极吸纳更多高校毕业生留豫来豫就业创业。未来，河南要做好数字化基础研发人才、数字化交叉融合型人才以及数字化治理型人才的培育和招引，如开展产教融合创新，探索建立一批产教深度融合的数字经济教学和实践基地；或者通过人才招引，招聘有交叉学科背景或了解数字经济、数字技术、人工智能、大数据等领域知识的跨专业人才。

3. 大力提升数字技术创新支持力度

数字技术是支撑数字经济核心产业发展的重要动力，要围绕数字技术

创新给予更多支持和鼓励，加大数字技术创新投入力度。一是吸引更多创新型数字人才推动数字技术创新和应用。加大创新型人才招引力度，实施更有力的人才政策，及时解决招才、引才、留才中的具体问题，注重培养一批技能型、复合型、创新型本土人才。二是给予更多资金支持，加大数字技术研发投入力度。一方面要加强数字经济领域研发投入，有所侧重地支持重要领域数字技术创新；另一方面要引导企业加强数字技术攻关，对企业技术研发行为给予政策优惠或补贴，对研发人员给予个人所得税退税支持等。同时，要发挥好金融机构的作用，引导资本向数字经济领域流动，加大数字经济领域重大项目投资力度和数字型企业贷款支持力度。三是发挥好数字创新平台的作用。以数字创新平台为抓手，推动数字创新要素汇聚，以平台为媒介，促进“政产学研介用金”等创新主体的协同，推动技术交流和共性技术信息共享，共同推动数字技术发展。

4. 大力培育数字经济核心产业集群优势

大力发展数字经济核心产业，形成产业集群优势和核心竞争力。一是培育壮大优势产业。围绕新型显示和智能终端，坚持龙头带动、集群配套，发展新型显示产业，提升智能终端产业发展水平。围绕物联网，构建覆盖信息感知、网络传输、平台建设、应用示范，涵盖“云管端”的物联网闭环生态圈。围绕网络安全，培育发展安全芯片、安全软件、安全可控智能终端、云安全、工控系统安全等产品和服务，吸引带动产业链关联企业集聚发展，支持郑州建设国家网络安全产业园，打造全国重要的网络安全产业集群。二是攻坚发展基础产业，培育基础产业发展优势。围绕先进计算、5G、软件、半导体、卫星和地理信息等产业，加大科研攻关和支持力度，加强产业项目投资和产业化应用。三是积极布局前沿产业。围绕新一代人工智能、量子信息和区块链等产业，加快前瞻性布局，争取国家大科学装置、科研项目落户河南，推动前沿产业在河南落地、前瞻布局和快速发展。四是加快培育数字产品制造标杆企业，着力推动各类电子消费品智能化转型，引领河南数字经济核心产业向中高端跃升，打造数字经济发展新增长极，形成数字产业核心竞争力。

参考文献

平卫英、肖秀华：《中国数字经济核心产业规模的地区差距、空间效应和动态演进》，《调研世界》2022年第7期。

韩旭：《河南省数字经济发展研究——基于〈数字经济及其核心产业统计分类（2021）〉》，《华东科技》2022年第7期。

鲜祖德、王天琪：《中国数字经济核心产业规模测算与预测》，《统计研究》2022年第1期。

付羚：《长三角数字经济核心产业集聚区的构想与路径研究》，《江南论坛》2021年第11期。

淳安县统计局课题组等：《数字经济核心产业发展对策分析——以浙江淳安县为例》，《统计科学与实践》2021年第7期。

B.9
河南元宇宙产业发展态势及对策研究

尚思宁*

摘　要： 元宇宙作为整合多种信息技术产生的新型虚实相融互联网应用和社会形态，是数字经济的增长爆点和重要发展远景。为贯彻落实数字化转型战略，河南省率先发力元宇宙产业，绘就千亿蓝图，力争在新赛道“弯道超车”。但是，河南在元宇宙细分领域的技术沉淀尚浅，产业机制规范不健全、产业链现代化水平不高、数字人力资源不足、产学研合作分散等问题较为突出。本报告通过解析元宇宙产业，探讨河南元宇宙产业图谱以及本土发展优势与难点，提出政策支撑、技术攻克、应用拓展、生态优化、人才引培等组合策略，助力河南元宇宙业态发展跃升新台阶。

关键词： 元宇宙　数字经济　产业升级　河南

2021年被称为“元宇宙元年”，腾讯、字节跳动、华为、Meta、谷歌、苹果等国内外互联网科技巨头纷纷进驻元宇宙，引爆新一轮数字经济增长热潮。“十四五”时期，数字经济将成为带动河南高质量发展的新引擎。5G、云计算、人工智能、区块链、数字孪生、智能制造等河南未来经济增长点与元宇宙技术细分领域高度重合。面对这道“必考题”，河南省亟须在元宇宙建设上抢先发力、绘就蓝图，领跑发展新赛道，重塑竞争新优势。

* 尚思宁，河南省社会科学院数字经济与工业经济研究所研究实习员，研究方向为产业经济学、数字经济学。

一　认识元宇宙

何为元宇宙？“元宇宙”滥觞于1992年的科幻作品《雪崩》，小说中提到“Metaverse（元宇宙）”和“Avatar（化身）”两个概念。人们在“Metaverse”里拥有各自的虚拟替身进行多样的社会活动。这个数字虚拟世界就是“元宇宙”。

目前通俗的“元宇宙”内涵是“利用数字技术，构建与现实世界平行交互的、具备新型社会体系的虚拟空间”，其技术本质上是增强现实（AR）、虚拟现实（VR）和互联网组成的集合，又被称为“空间互联网”和“全真互联网”。元宇宙有4个核心特征：沉浸式体验、虚拟身份、虚拟经济和虚拟社会治理。它代表经济、社会、科技、文化的未来趋势，是一个面向未来的数字经济增量业务，也是构成未来地区竞争力的关键因素。①

二　元宇宙产业发展意义

（一）元宇宙产业提供新型“生产力”

“元”化万物，元宇宙技术在各行业的应用将带来符合数字时代科技范式的新型生产关系。真实世界在元宇宙中的“数字孪生”能重塑产业结构与市场分工，诞生新型人与物、物与物基于数字契约的社会经济连接，通过虚拟与现实深度交互融合，催生万物互联。智能设备能够打破时间、地理空间、平台、渠道的屏障，驱动市场主体高质量发展。

元宇宙产业反哺赋能实体经济，为社会发展补给“新动能”。虚拟同位体能够实现真实世界难以企及的高精复杂市场运作，可以指导现实产品提升

① 参见龚才春主编《中国元宇宙白皮书》，2022年1月26日；《河南省元宇宙产业发展行动计划（2022—2025年）》。

质量、降低能耗、缩短研发周期。元宇宙中的“知识图景”和“产业大脑”能够助推实体经济提升产业数字化水平，激发各领域生产主体价值创造活力，释放生产力。放眼全球，元宇宙已在游戏、虚拟办公等领域集成应用。相关技术的融合也将带动更多产业实现“爆发式”增长，带来巨大商业和就业机会。布局元宇宙产业是河南省突破发展瓶颈、实现现代化升级的重大机遇。

（二）元宇宙产业创造新型“科研力”

元宇宙的建设需求，能为河南省数字技术创新提供动力源泉，倒逼各领域衍生技术飞跃发展；元宇宙能够发挥低延迟、高保真、高速度、高安全、可复用的技术优势，加速细分领域科研成果产出迭代速度。智慧孪生的虚拟空间在降低开发成本的同时，能够高效精准地获取样本大数据，开展模拟实验和精细研究。随着河南数字技术不断演进升级，元宇宙将在更广泛的场景承担科研重任，有助于提高河南省整体创新能力，也能够为河南元宇宙技术应用和产业发展决策提供科学参考。

（三）元宇宙产业发扬“精神文化力”

在元宇宙产业发展中，“沉浸式体验”是关键一环。场景渲染、沉浸声场、温度模拟、触觉传感等技术让大脑产生身临其境感，进而创造全新的精神文化产品，满足人们广泛的心理诉求。为讲好“河南故事”，河南文旅数字品牌“元豫宙”示范先行，聚焦打造“行走河南·读懂中国”文旅品牌形象，以新潮方式解读中原文化。其数字场景涵盖少林寺、黄帝故里、老君山、王屋山、龙门石窟、大宋东京城、红旗渠等30多个知名景点，可让网友在云端“行走”河南美景，零距离品赏黄河文明，进而促成游客实地旅行，推动线上线下良性循环发展。

三　河南元宇宙产业布局

河南聚焦工业、能源、文旅、教育、虚拟数字人、智慧城市六大重点领域，推动经济社会创新融合，打造集创新链、产业链、服务链、生态链于一体的全国元宇宙产业发展高地。预计到2025年，河南省元宇宙核心产业规模将超过300亿元，带动相关产业规模超过1000亿元，初步形成具有重要影响力的元宇宙创新引领区。

推进元宇宙产业集聚发展。河南省提出“1+5+N”产业整体布局，即支持郑州打造元宇宙产业核心区，支持洛阳、南阳、新乡、焦作、许昌打造元宇宙产业特色区，支持其他地市以应用为牵引打造细分领域“多点支撑”产业格局，推动元宇宙产业差异化、特色化、协同化发展。

拓展“元宇宙+X”应用场景。河南省提出建设元宇宙数字空间基础平台，建立经济社会各领域元宇宙应用场景底层架构，计划打造区块链、信息交互、电子游戏、人工智能、网络及计算、物联网6个技术场景，在工业制造、文化旅游、公共服务、社会治理、社交娱乐、教育医疗等领域建设100个元宇宙示范场景，打造基础设施完善、应用场景丰富、行业管理健全的元宇宙产业生态。

建设元宇宙企业梯队。省内布局元宇宙的重点企业有两家A股上市公司，分别是汉威科技和捷安高科；有两家“链主”企业，分别是河南省元宇宙科创和影创科技；有15家各具特色的科技型中小企业，其中位于郑州的有11家。

四　河南元宇宙产业发展优势

领先的顶层设计、优质的网络数字基建、良好的产业基底、突出的“人口红利”、广泛的适用场景、丰沛的数据资源等，为河南数字经济建设和元宇宙产业培育提供了较为优渥的条件。

（一）顶层设计抢滩布局

河南省委、省政府高度重视元宇宙产业发展，将其纳入数字化转型战略整体布局。2022年9月，河南省人民政府办公厅印发《河南省大数据产业发展行动计划（2022—2025年）》《河南省元宇宙产业发展行动计划（2022—2025年）》，从数据、技术、产业、应用、生态、基础等方面规划设计元宇宙产业。河南是继上海、北京通州、广州南沙后，第4个出台具体元宇宙产业规划的地区，也成为继上海后第2个印发元宇宙专项行动计划的省级政府。

为加强组织保障，河南省制造强省建设领导小组统筹协调全省元宇宙产业发展，推动建造元宇宙创新实验室，努力打造“元宇宙生态样板城市”和数字化发展新体系，并成立元宇宙专家咨询委员会，为河南省元宇宙产业创新发展提供良好指引。

（二）数字新基建逐步夯实

国家互联网信息办公室最新发布的《数字中国发展报告（2021年）》显示，河南在数字基础设施建设方面排第8位，和北京、上海、浙江、江苏、广东等组成第一梯队。

5G扬帆起航。2021年，河南5G投资突破132亿元，累计建设完成5G基站9.71万个，实现乡镇以上和农村热点区域5G全覆盖；国家级互联网骨干直联点持续扩容，全省互联网宽带接入端口总数达5631万个，居全国第6位。工业互联网加速建设。截至2022上半年，河南省有已建、在建工业互联网平台100多个，认定省级工业互联网平台培育对象38家。初步建立“1+37”工业互联网平台体系，服务企业约4万家，接入设备产品突破4百万台次，部署App 1100多个。统筹算力设施。中国移动（河南）数据中心、中国联通中原数据基地、国家超级计算郑州中心等算力基础设施逐步夯实。目前，河南已建成4个超大型数据中心、84个中小型数据中心，安装服务器机架3.36万架。稳步推进卫星通信。河南省已启用建站技术标准最高、站点数量最多、密度最大、完全自主可控的省级北斗地基增强系统。高精尖数字基建为河南元宇宙产业发展打下殷实基础。①

① 河南省通信管理局、河南省互联网协会：《2021河南省互联网发展报告》，2022年6月。

（三）产业发展条件优良

1. 数字经济活跃

《河南省数字经济发展报告（2022）》显示，2021 年河南省数字经济规模突破 1.7 万亿元，同比增长 14.6%，占地区生产总值的 29.6%，其中数字产业化规模突破 2800 亿元，产业数字化规模突破 1.45 万亿元，数字经济显著增强。

2. 产业基础完备

河南拥有 41 个工业大类中的 40 个，门类齐全。根据《河南省数字经济发展报告（2022）》，2021 年，河南省工业增加值突破 1.87 万亿元，规模总量稳居全国第 5 位，居中西部地区首位；全省战略性新兴产业增加值同比增长 14.2%，高技术产业增加值同比增长 20.0%；规模以上电子信息制造业营收突破 0.6 亿元，位列全国第 9。与元宇宙密切关联的产业整体发展态势稳中有进。

3. 特色优势明显

河南省在先进计算、智能传感器、集成电路、新型显示和智能终端、信息安全等电子核心产业，以及大数据、区块链、信息安全等新兴数字产业发展势头良好，拥有超聚变、黄河鲲鹏等重点企业，以及中国・郑州智能传感谷、南阳光电产业园等重点园区。郑州先后获批成立国家网络安全产业基地、国家新一代人工智能创新发展试验区、国家区块链先导区，在核心部件和系统研发层面具有巨大发展潜力。

（四）市场发展空间广阔

作为全国重要的人口大省，2021 年河南省常住居民约 9883 万人，城镇化率为 56.45%，经济总量近 6 万亿元。“米字形”交通网已形成，高铁交通圈（1.5 小时）可覆盖约 4 亿人；国家骨干公用电信网和两条架空光缆干线形成“四纵四横”信息高速公路，河南省交通和通信双枢纽优势明显。

《2021河南省互联网发展报告》显示，2021年河南省互联网普及率高达91.9%，互联网用户总量已突破12642万户，排名全国第4；5G终端用户达0.31亿户，居全国第3位；物联网用户总数达7436.8万户，居全国第7位；拥有工业企业15万家，中小企业55万家，规模以上互联网企业88家，新增上云企业约5万家。这些都为元宇宙产业培育发展提供了庞大的数据资源、丰富的应用场景和广阔的蓝海空间。

五　河南元宇宙产业发展难点

（一）关键技术有待攻克

元宇宙对未来芯片、人工智能、数据算力、物联网、区块链等技术有非常高的要求，并且元宇宙搭建所需技术具有"木桶效应"，即元宇宙发展程度取决于"短板"科技层级。河南省现有技术研究成果仅能满足初期元宇宙的探索，核心技术、关键设备、重点部件、基础系统仍然"受制于人"。许多产品研发、内容打造的技术底座依赖大型公司，如网易"瑶台"、百度"希壤"。如果对浅层技术簇拥、深层核心技术挖掘程度不够，河南元宇宙建设只会是"空中楼阁"。

区块链技术方面。现已发展至非同质化通证（NFT）阶段，数字内容开始资产化。但区块链的匿名性特征容易被不法分子利用，传播不良信息、威胁网络安全、泄露用户隐私，影响元宇宙运行效率和稳定性。当前，河南省区块链技术难以在元宇宙产业化、场景搭建等领域进行大范围应用，不仅面临较大的技术瓶颈，甚至存在合规性和监管问题。

通信网络方面。河南省缺乏针对元宇宙应用场景的定制化网络整体解决方案，游戏、高清视频等领域的方案难以支撑元宇宙场景需求，面临在线人数骤增、场景更复杂、数据准确性要求更高、交互触点激增等多个技术难关。

数据算力方面。河南省加快布局算力中心，算力资源日益丰富，但尚不具备支撑元宇宙产业发展的数据运算能力。河南量子计算项目还处于原型机开发阶段，CPU 研发尚未实现突破，难以满足高度并行、低时延、低功耗运行需求。

（二）产业链现代化水平较低

完备健康的产业链、生态链、价值链，是河南元宇宙产业可持续发展的关键。想象力的延伸能够让元宇宙涵盖广泛的上中下游产业。上游如芯片、基带、网络云、人工智能等；中游包括操作系统、数据库、编译器等软件产业。元宇宙本身囊括了区块链、数字孪生、内容创意等大量生产主体。下游产业类型众多，如游戏、文娱社交、广告媒体、文旅等。未来，航空航天、汽车、教育、政务等行业都可以包罗在元宇宙中。北京、上海、广东等数字化产业发达地区，元宇宙相关业态繁荣，产业链水平高，布局较完善。相对而言，河南元宇宙产业处于探索阶段，技术、资金、人才、应用等要素暂未有效整合，围绕元宇宙的产业发展模式和场景实践也面临环节缺失问题，存在发展隐患。

河南元宇宙企业主要聚焦娱乐、设计和游戏等内容领域和场景应用方面，盈利模式也不清晰；企业技术沉淀不足，整体布局“小而散”，难以发挥规模效应；在人工智能、大数据、AR 等关键产业，河南省整体薄弱，企业品牌竞争力较弱；底层硬件中最具代表性的类脑芯片与云芯片产业缺失，尚未形成完整高效的产业价值链和生态体系。

（三）人力资源不足

元宇宙赛道竞争的核心是区域科创能力，人才是背后的关键。在大数据、云计算、人工智能、AR、VR 等元宇宙细分领域，河南掌握核心技术的领军人、科研团队和高级管理人才明显不足。

人才供给方面。2021 年河南高校毕业生总数达 81.7 万人，其中元宇宙关键垂直领域的专业，如软件、计算机相关专业毕业生约 5 万人；开设元宇宙细分专业的院校少，培养周期滞后，硕博人才培养不足。河南仅有解放军信息工程学院、黄河科技大学两所高校开设人工智能专业，元宇宙人才数量和“质量”均有待提升。人才储备方面。河南元宇宙人才引进机制不完善，吸引力远不及北上广深等数字产业发达地区。河南省人才交流中心调研数据显示，多数毕业生意向前往北上广等地区就业，人才流失问题凸显。培养模式方面。教育链与元宇宙产业链之间没有有效衔接，与企业人才需求脱节，缺乏大量数字经济实践岗位。具有数字化素养和元宇宙概念的管理、营销等跨界人才极其匮乏，难以有效为河南元宇宙产业发展提供强有效人才支撑和智力保障。

六　打好河南元宇宙产业发展“组合拳”

（一）加强元宇宙产业政策支撑

1. 完善元宇宙政策法规建设

依据《中华人民共和国数据安全法》《区块链信息服务管理规定》等法律、法规要求，积极开展河南省元宇宙条例，以及伦理道德、网络安全保护、监管审查等政策的研讨制定。

2. 构建元宇宙行业组织机制

深入研判河南省元宇宙产业在伦理道德、数据安全、沉迷度、知识产权等方面的风险，建立审慎包容的容错机制和监管机制；制定基础标准、数据标准、技术标准、平台标准、安全和隐私交易流通标准、行业应用标准等元宇宙产业发展规范；组建省级元宇宙产业联盟，初步建立行业治理及安全保障体系，持续优化元宇宙产业本土发展环境。

3. 提高综合服务水平

围绕基础设施、能源供应、用地保障、房屋租赁、资金扶持、投融资等制定优惠政策，扶持省内元宇宙企业良性发展。统筹财政专项资金，加大元宇宙产业补贴力度。引导各类风投基金创新投融资模式，撬动社会资本支持元宇宙产业发展。鼓励金融机构加大创新力度，推广“信易贷”“科技贷”

等信贷产品，发展股债联动、知识产权质押等金融产品，为技术先进、有较强产业带动性、发展潜力大的本土元宇宙项目提供信贷支持。

（二）推进元宇宙技术发展

1. 加强基础理论研究

依托郑州大学、河南大学、河南工业大学、河南省科学院等高校科研院所及各类研究平台，成立河南省元宇宙专家委员会，聚焦元宇宙领域前沿导向开展理论和应用研究，解决元宇宙领域共性理论问题，夯实元宇宙产业技术基础，明晰河南元宇宙产业发展脉络。

2. 完善数字基础设施

升级网络基础设施，扩容郑州国家级互联网骨干直联点，加快建设 5G 独立组网，提升元宇宙各类应用场景网络支撑能力；构建“超算+智算+边缘计算+存储”多元协同、数智融合多层次算力基础设施，提升国家超级计算郑州中心发展水平；统筹推进移动互联网和窄带物联网协同发展，打造城市数字孪生底座；完善人工智能基础设施建设，探索“天地一体化”、IPV6、6G 等下一代互联网部署。

3. 攻克“卡脖子”核心技术

建设元宇宙产业研究院、制造业创新中心、重点实验室、工程研究中心和技术创新中心等创新载体。发挥嵩山实验室、信大先进技术研究院等研发机构和重点骨干企业工程研究中心等创新平台引领作用，对扩展现实（VR/AR/MR）、数字资产、数字孪生、脑机接口、三维建模等关键技术进行协同攻关，推动创新成果转化。

（三）拓展元宇宙重点领域应用

元宇宙应用领域广泛，河南需要依托资源禀赋优势和发展规划，因地制宜找好切入点与创新模式，实现河南元宇宙产业有效赋能全省经济。

1. 工业元宇宙

河南工业基础优良，应采取“揭榜挂帅”“赛马制”等方式，发展工业数字孪生。发挥虚拟调试、实时联动、模拟仿真等优势，降低研发试错成本，提升管控一体化水平，推动工业数字化、网络化、智能化转型。

2. 能源元宇宙

加快能源设施智能化改造，依托智能电网、智能化油气管网、能源大数据中心等智能基础设施，推动区块链、物联网等技术深度融入能源网络；发展智能电网、微电网、分布式能源、新型储能等能源元宇宙基础技术，打造场景环节全覆盖、生态链路全贯通的能源元宇宙。

3. 文旅元宇宙

打造河南文旅元宇宙品牌和特色元宇宙 IP，推动河南知名景点、博物馆、文艺中心等构建数字孪生体，广泛传播河南优秀文化。发挥元宇宙沉浸式体验优势，构建线下实景与线上主题场景相结合的文旅新形态，让《唐宫夜宴》《禅宗少林·音乐大典》等节目与只有河南·戏剧幻城、建业电影小镇等项目持续“出圈”出彩。鼓励开发数字创新内容，扩大数字藏品规模，探索元宇宙数字文旅经济发展新路径。

4. 虚拟数字人元宇宙

发展城市旅游向导、文博讲解、节目主持、医疗导诊、电商虚拟主播等功能性虚拟数字人。积极探索虚拟偶像培育、虚拟演出等高经济产出应用场景。

（四）优化元宇宙产业生态环境

1. 招引培育市场主体

一方面，积极向外“取经”。依托中国（郑州）产业转移系列对接活动等平台，围绕软件、硬件、芯片、扩展现实、区块链、Web3.0 等元宇宙核心领域，走访接触接国内外知名企业。创新招商引资手段，邀请企业在河南建设区域总部、孵化平台、实验室、研发中心等。另一方面，实施元宇宙优质企业梯度培养工程。聚焦元宇宙细分领域，引导河南企业与高端研发机构、高校、头部企业开展产学研合作和项目合作，突出技术创新，提升融合发展能力；建设高水平元宇宙赛道“双创”示范基地，培育一批元宇宙

“独角兽”和“专精特新”中小企业。

2. 打造元宇宙产业园区，推动产业集聚发展

郑州元宇宙产业园于 2022 年 8 月 27 日正式开工，这是河南战略性新兴产业谋篇布局中的又一重大项目。全力建设“中原智谷”，继续发挥中原龙子湖“智慧岛”创新创业策源地、创新发展新引擎作用，加快元宇宙产业发展核心区建设。坚持“1+5+N”产业布局，支持具备条件的地市建设元宇宙特色小镇，依照“虚实融合”规划理念，因地制宜打造一批元宇宙示范园区。着力产业链强链补链，拓展“元宇宙+X”应用场景，加强河南现代优势产业集群与元宇宙深度融合和协同创新。

3. 积极建设元宇宙服务平台

统筹建设网络、算力和数据新型基础设施，打造一批提供技术支持、软硬件研发、数据要素供给、产品检测认证等服务的元宇宙公共服务平台。推动区块链公共服务平台、算力公共服务系统、联盟链底层平台等各类区块链技术创新平台建设。鼓励龙头企业开放数据资源，与上下游中小企业加强协作。探索建设元宇宙数字空间基础平台，集聚国内外企业、开发者资源，打造合作共赢的元宇宙产业生态。

（五）加强元宇宙产业人才供给

高质量人才是高质量发展的第一资源，实现河南元宇宙产业萌芽成长，需要强有力的人才支撑和智力保障。

发挥“中国·河南招才引智创新发展大会”等新媒体平台作用，立足河南省情大力引进元宇宙产业人才，重点引进一批能够突破元宇宙关键技术、带动元宇宙产业发展的高端人才，打造一支德才兼备、敢于创新的元宇宙产业经济理论研究和决策咨询队伍。鼓励和支持海内外元宇宙顶尖高层次人才及其团队来豫创业和转化创新成果。完善一站式人才服务体系，落实各项优惠政策和奖项荣誉，激发人才创新活力。

深入实施“中原英才计划”，鼓励支持高校开展元宇宙相关学科建设，培养元宇宙专业人才，尤其是硕博高端人才。鼓励高校、行业协会与企业合

作，建设元宇宙技能培训和实习实训基地，强化复合型人才培养；提高学生运用元宇宙垂直领域技术创新创业的能力，提升应用型人才培养精准度。

参考文献

《河南省人民政府办公厅关于印发〈河南省元宇宙产业发展行动计划（2022—2025年）〉的通知》，（豫政办〔2022〕89号）。

王陈慧子、蔡玮：《元宇宙数字经济：现状、特征与发展建议》，《大数据》2022年第3期。

苟尤钊、吕琳媛：《元宇宙价值链与产业政策研究》，《财经问题研究》2022年第7期。

郑世林、陈志辉、王祥树：《从互联网到元宇宙：产业发展机遇、挑战与政策建议》，《产业经济评论》，网络首发时间：2022年9月20日。

《我省前瞻布局元宇宙新世界》，《河南日报》2022年10月7日。

B.10
河南装备制造业数字化转型研究

唐海峰 *

摘　要： 装备制造业是推动河南省经济发展的支柱产业，装备数字化是制造业数字化的根基。全省坚定贯彻省委部署，大力实施数字化转型战略，河南省装备制造业数字化转型推进较为迅速，但仍存在诸多瓶颈和短板。研究认为，需要在政府政策、人才资金、产业生态和技术创新等方面进一步加大支持和支撑力度，加速推进河南装备制造业数字化转型，实现河南数字经济和装备制造业高质量发展。

关键词： 装备制造业　数字化转型　河南

随着新一代信息技术实现革命性突破，数字经济加速发展，辐射范围之广、影响程度之深前所未有，已经在全球范围内成为要素资源、经济结构和竞争格局重塑的关键力量。2022 年，河南省坚定贯彻省委、省政府战略部署，大力实施数字化转型战略，数字经济发展顶层设计基本成型，数字基础支撑更加有力，产业数字化和数字产业化加速突破，装备制造业数字化转型持续走深。2022 年，河南省数字经济规模超 1.7 万亿元，对河南省经济增长的贡献率超 50%。虽然河南省数字经济取得显著进步，并呈现良好发展态势，但河南省数字化转型起步较晚，数字化水平总体偏低，数字经济整体竞争力不强，导致装备制造业数字化转型进程相对缓慢。装备制造业是推动河南省经济发展的支柱产业，装备数字化是制造业数字化的根基，因此亟待

* 唐海峰，河南省社会科学院数字经济与工业经济研究所助理研究员，研究方向为产业经济。

激发数字经济发展活力，加快推进河南省装备制造业数字化转型，实现由工业大省向工业强省、河南制造向河南智造转变的跨越式、高质量发展。

一　河南省装备制造业数字化转型的重要意义

（一）实现河南经济高质量发展的关键路径

在黄河流域生态保护和高质量发展、中部地区高质量发展等国家战略叠加背景下，全面实现河南省委“两个确保”重要决策，实现河南经济高质量发展目标，需要坚定不移走数字化赋能河南装备制造业高质量发展之路，盘活河南经济大盘存量资源，加大产业结构和产品结构生态体系调整力度，尤其是加大对河南制造业的优化力度，以高质量发展为战略目标，实现供给侧结构性改革，加快新旧动能转换。

（二）厚植区域竞争优势的重要抓手

在新经济发展格局下，区域发展态势深刻变化，位势此消彼长，发展形势与竞争态势发生了根本改变。河南装备制造业数字化转型远落后于其他省份，安徽新型显示产业、贵州大数据产业、湖北生物医药产业、浙江数字经济产业等都在不断崛起，在近几届国际工业博览会涉及的智能制造示范等项目中难觅河南本土企业身影，未来实现追赶的压力较大。面对新竞争格局，唯有以改革开路、以创新破局，实施换道领跑战略，构建高能级产业生态圈和高效能赛道转换机制，重塑产业创新力和竞争力，加速推进装备制造业数字化转型，助力河南打造制造强省、经济强省。

（三）建设“创新河南”的重要阵地

对标河南经济高质量发展，河南制造业是核心产业。河南是制造业大省，装备制造已经形成较强的产业规模优势，但在数字化转型的关键时期，装备制造业在核心技术、关键零部件、先进工艺、先进材料、智能化、数字化等领域仍然存在短板和薄弱环节。因此，河南装备制造业需要在当前国家创新驱动的高科技资源红利期抢抓发展机遇，积极导入数字技术实现产业高质量发展，利用数字科技创新健全、优化、升级主导产业和产业链，利用数字化技术助力装备制造业企业突出重围，加快中西部创新高地建设。

（四）实现全产业链数字化的重要环节

实现数字赋能高质量发展的核心，是打造全产业链数字化。全产业链数字化意味着从企业的研发、供应链、工厂运营到营销、销售和服务全部利用数据进行驱动和链接，企业之间通过数据平台进行串联。全产业链数字化通过数字技术打破产业间的壁垒，在供给与需求、资源配置效率、劳动力效率等方面释放更多价值，从而集聚领先的数字制造产业集群。打造全产业链数字化，需要加快完善数字基础设施和实现数字平台功能多样化，利用工业互联网实现生产链数字化。通过建立工业互联网框架，数据在产业链上流通，实现全产业链数字化，优化产业上下游供应链。

二　河南省装备制造业数字化转型现状

（一）相关政策支撑体系陆续完善

为全方位搭载数字强省，河南省以数字经济“1 号工程”为牵引，进一步强化数字化、信息化发展的顶层设计和政策支持。近年来，《河南省“十四五”数字经济和信息化发展规划》《河南省数字经济促进条例》《河南省推进新型基础设施建设行动计划（2021—2023 年）》等规划条例陆续发布，为全省数字经济发展保驾护航。同时，为全面持续推进产业数字化转型，陆续发布《河南省推动制造业高质量发展实施方案》《2021 年河南省数字经济发展工作方案》《河南省“专精特新”中小企业认定管理办法》《河南省“互联网+”行动实施方案》《河南省深化制造业与互联网融合发展实施方案》等方案措施，大力推动产业与数字创新技术融合发展。另外，发布新型显示和智能终端产业、新一代人工智能产业、5G 产业发展行动方案等一系列政策文件，极大鼓励了河南数字产业和数字经济发展，为装备制造业数字化转型提供了较好的政策支撑。

（二）制造业数字化转型全面推进

截至2022年9月，河南新创建国家服务型制造示范企业9家、智能制造示范工厂3个，新认定省级智能车间和工厂163个，发布数字化转型揭榜挂帅项目21个。持续开展智能制造试点示范，大力推进“机器人+”，培育数字化解决方案供应商。加快智能制造单元、智能生产线、数字化车间建设。截至2022年9月，河南已培育省级智能车间（工厂）571个。预计到“十四五”末，全省将培育150家服务型制造示范企业，建设1000个智能车间（工厂），培育100家“互联网+协同制造”示范企业。河南省持续加快工业互联网创新发展，着力建设“1+N+N”工业互联网平台体系，积极打造“5G+人工智能+工业互联网”多个融合应用场景，并进一步加快建设国家工业互联网平台应用创新推广中心和河南省工业互联网大数据中心。河南中信重工矿山装备、一拖现代农业装备等8个工业互联网平台入选国家工业互联网试点示范项目。

（三）数字化转型生态初步形成

数字基础设施的优化完善能够有效带动信息资源集聚和数字经济发展，河南省一二三产业数字经济渗透率分别为5.3%、17.0%和33.4%，发展势头良好。河南省重视数字基础设施领域的投资建设，加快推进传统基础设施智能化升级，前瞻布局创新基础设施，持续升级5G、千兆光纤、移动互联网、卫星互联网等通信网络基础设施。集中优势资源，加大省实验室建设力度，重塑重点实验室体系。推进国家农机装备制造业创新中心等重大平台建设，在光通信、诊断检测、地下装备、网络安全、高端轴承等优势领域创建国家工程研究中心、技术创新中心、产业创新中心，支持具备条件的省级创新平台晋升为国家级平台，为装备制造业数字化转型营造良好的数字生态。

（四）装备制造业龙头企业示范带动

郑煤机智能化平台已实现“实景可视化远程传输”，进一步实现“数字可视化”，实现“数据稳定、多维度、无延迟、自动识别”；深化与物联网紧密结合，大力推进生产线自动化、智能化改造，开启郑煤机智能化装备 3.0 时代，重点攻克“精准 3D 地质模型、采煤机 3D 精确定位、刮板机自动调节、采煤机工作面自动切割”等技术；“郑煤机首套成套智能化工作面推广及应用”项目成功验收，实现中国智能综采装备“从 0 到 1”的突破，该套智能综采装备在提高开采效率、降低矸石含量、提高煤炭资源回采率、保证矿山安全等方面效果显著。安钢集团紧抓发展机遇，全面实施智能制造五年规划，以数字化转型促进企业高质量发展，强化新型基础设施建设，以数字化赋能运营支撑，构建“云+大数据+工业互联网”三大平台。“基于全国产化的黄河鲲鹏云生态体系建设项目”入选国务院国资委“国有企业数字化转型 100 个典型案例”，标志河南省积极布局未来计算产业、打造鲲鹏计算产业发展高地结出硕果。

三　河南省装备制造业数字化转型存在的主要问题

近年来，随着全省对装备制造业数字化转型的各种投入力度不断加大，数字经济发展持续加快，河南省装备制造业数字化转型推进较为迅速，但河南数字基础设施建设和应用存在不足、数字产业缺乏核心竞争力、数字生态较为脆弱，导致装备制造业数字化转型仍然面临诸多瓶颈和短板。

（一）政府政策层面的顶层设计与规划亟待完善

目前，河南省各地市数字经济发展尚处在探索和尝试阶段，部分地市尚未出台相关支持政策。同时，已经出台的数字经济发展规划较为笼统，缺乏地域特色，与区域发展实际结合不够紧密，缺乏可操作性、科学性和前瞻性。另外，与数字经济发展相关的法律体系和体制机制尚不健全，虽然出台了《河南省促进数字经济发展条例》，但仍然需要在数据安全、数据权属、数据交易、数据保护等方面加强研究。在产业数据的汇聚和利用方面，尚未建立全省统一的数据平台，造成地市级与省级、企业与行业之间的数据无法实现高效关联，“数字孤岛”、数据冗余等现象普遍存在，现有数字经济资源亟待深度整合和发掘利用。

（二）产业体系层面的创新与数字生态支撑仍需加强

从现有的情况来看，河南装备制造业依然面临大而不强、核心技术缺失、数字化程度不高、数字化转型速度缓慢等问题，根本原因在于科技创新能力不足和数字化、智能化支撑不足，产业创新与数字生态支撑仍需加强。首先，河南省数字化产业基础研究能力相对薄弱，与装备制造业相关的前沿算法、先进计算、人工智能、高端芯片等产业基础性、前沿性研究较为落后，核心数字技术和关键技术供给不足，高端数字产品严重依赖进口，造成装备制造业数字化转型门槛和成本较高。其次，部分装备制造企业自主创新能力不足，对数字化技术研发不够重视，尤其是中小装备制造企业面临技术研发困难和研发资金不足的严重问题，数字化转型风险和成本偏高，造成部分装备制造企业面对数字化转型有心无力或望而却步。最后，产业数字化生态支撑不足，数字化服务能力较为薄弱，本土数字化服务供应商普遍存在核心技术薄弱、应用领域单一等短板，缺乏小型、快速、精准的数字化系统解决方案和产品，无法满足用户的个性化需求。在工信部认定的166家系统解决方案供应商中，河南仅中机六院、大河智信两家入选，在一定程度上反映了河南装备制造企业从本土获取技术和资源支持的渠道受限，这是制约河南装备制造业数字化转型的重要因素。

（三）企业层面对数字化转型的认识和意愿有待提升

面对数字技术和数字经济的快速发展，河南装备制造企业依然对数字经济和数字化转型缺乏全面和深入的认识，数字化转型意愿不强，“不想转”“不会转”“不能转”“不敢转”等问题较为突出。一些传统装备制造企业尚未意识到数字化转型是全球装备制造业发展的大势所趋，更是企业挖掘盈利增长点和保持竞争优势的关键一招和长久之计。部分企业只看重产业数字技术升级，缺乏数字化转型发展理念、宏观目标、具体实施路径和方案等全盘统筹的谋划和设计。以郑州装备制造业为例，在进行数字化转型时出现了企业上云深度不足、企业数字化转型缺乏整体规划等问题。根据200家重点企业智能化改造诊断服务结果，仅有25.38%的企业有较为完整的智能制造整体规划。与此同时，与大型装备制造企业相比，中小装备制造企业更是面临数字化技术和人才缺乏、数字化转型资金投入不足等问题，导致其数字化转型意愿不足，缺乏数字化转型能力和动力。

（四）核心要素层面的专业人才与资金严重短缺

根据工信部抽样调查结果，河南省仅有26.5%的工业企业信息化建设处于水平较高的集成提升、创新突破阶段，低于全国平均水平4.6个百分点，尤其是广大中小企业受技术、资金、人才等因素制约，难以实施数字化转型。数字技术人才对推动河南省数字经济产业发展具有重要作用，也是装备制造业数字化转型的关键因素。但现阶段河南省人才资源仍然有限，数字化人才培养能力较弱，全省仅有两所“双一流”院校、57所本科院校，高等院校培养的数字化人才较少，专业人才流失较为严重，数字经济和技术方面的应用型人才、复合型人才稀缺。另外，中小装备制造企业数字化转型面临的数字基础设施建设、通用软件研发和应用场景拓展等的资金瓶颈问题也亟待突破，财税金融政策在现实性激励和导向性信号等方面作用发挥不全，民间资金、社会资源汇聚与投入不足，增信赋能、投贷联动等方式依然缺乏。

四　推进河南省装备制造业数字化转型的对策建议

装备制造业数字化转型是一项系统工程，需要围绕数字经济顶层设计、政策体系、协同创新体系、核心要素投入等，以实现产业链、供应链“智改数转”的方式，加以全面、系统推进。

（一）持续完善数字经济顶层设计，优化装备制造业数字化转型政策环境

抓紧完善和规范各地数字经济和数字产业发展规划，因地制宜、突出本地特色和发展重点，明确各地装备制造业数字化转型发展目标、发展路径和实施方案。坚持以工业园区、经济开发区、产业集聚区为载体，以装备制造

大型龙头企业为依托，深化区域内外产学研结合，加快推进数字经济与装备制造业深度融合，支持和培育一批数字化转型龙头企业并形成示范效应，以龙头企业带动中小装备制造企业加快推进数字化转型升级。完善数据资源管理与整合体制机制，加快实现工业制造、企业管理等数据高效汇聚、开放共享及综合利用。加快搭建河南省数据交换平台，以省级数据平台作为核心交换枢纽，强化数据平台的数据增值服务能力，实现国家级数据与地市级数据、行业级数据与企业级数据高效互通，实现行业数据、层级数据、领域数据等精准推送。加强数字经济相关法理研究，持续探索和完善数据安全、数据权属、数据交易、数据使用等法律法规，大力构建公平、有序、安全、顺畅的数据交易环境，为装备制造业数字化转型创造良好发展环境。

（二）加快构建协同创新体系，提升装备制造业数字化转型生态能级

在科研平台搭建方面，持续加强黄河实验室、嵩山实验室等科研机构建设，力争在数据科学与先进计算、量子信息应用基础、智联计算网络、网络空间安全和地球空间信息科学等领域实现突破。在技术平台打造方面，按照龙头企业牵头、高校和科研机构参与、市场化运作的方式，聚焦产业数字化、数字产业化重点领域，布局建设更多省级产业研究院、省级制造业创新中心，形成以市场化机制为核心的成果转移扩散机制。在技术成果推广方面，开展重点软件首版次、重大装备首台套、重点新材料首批次等领域创新产品应用，打通创新成果转化“最后一公里”。实施智能制造引领工程，持续推进数字技术、新一代信息技术与装备研发设计、生产制造、经营管理、市场营销等环节的深度融合，大力培育建设一批具有行业先进水平的智能车间、智能工厂，培育和打造一批智能制造标杆企业，形成全产业链数字化转型示范带动效应。大力构建工业互联网平台体系，重点培育和打造装备制造业领域的综合性平台，搭建一批装备制造业细分行业、特定领域平台，打造产业链、供应链、要素链协同发展的生态格局。创新和培育数字技术融合应用新模式新业态，大力支持装备制造业企业发展平台化设计、智能化制造、网络化协同、数字化管理等新模式新业态，加快培育一

批数字技术与装备制造融合应用新模式，打造“5G+虚拟现实/增强现实”“5G+机器视觉”“5G+远程控制”等“5G+工业互联网+装备制造”典型应用场景。

（三）加速“双链”智改数转，推动装备制造业数字化转型加速提质

深化产业链协同数字化，结合各地装备制造业产业特色，依托装备制造工业互联网平台，推动装备制造业产业链和供应链各环节并行联动。鼓励有条件的地市开展产业链协同创新试点，建立装备制造集群产业链协同创新项目库，将符合条件的智能化改造项目纳入政策扶持范围。深化供应链协同数字化，推动智慧物流园区、智能仓储、智能货柜和供应链技术创新平台的科学规划与合理布局，加快补齐供应链软硬件设施短板。鼓励中小装备制造企业通过工业互联网平台汇聚设备、产品、渠道等产能资源，促进平台资源共建共享，探索实施“订单工序撮合、非标服务通用化、云工厂整合”等新型装备制造模式。开发使用供应链数字化平台，推广应用集中采购、资源融合、共享生产、协同物流、新零售等解决方案。引导大型制造企业采购销售平台向行业电子商务平台转型。围绕打通产业链上下游信息链，拓展个性化定制生产、设备联网监控、远程诊断监控和维保管理协同、机器视觉质量检测、柔性化工厂运营、智能化供应链管理等特定领域应用场景，推动产业链企业互联互通、资源共享。聚焦产业链中小企业“订单、成本、质量、交期”等核心业务痛点，打造制造能力共享、产品撮合交易、原辅料集中采购、轻量云化应用、经营管理外包和托管、创业服务、龙头企业开放供应链等场景，提高产业链上下游、产供销、大中小等不同维度协同制造水平。鼓励和支持装备制造业战略性产业集群“链主”企业建设产业链、供应链协同标杆示范项目，引导大型装备制造企业搭建资源和能力共享平台，加快推进装备制造业大中小企业实现设备共享、产能对接、生产协同。

（四）深化体制机制改革，厚植装备制造业数字化转型要素

在人才方面，为数字人才提供专业化、全方位、全周期优质服务，持续优化数字化人才“生态圈”。加大数字技术研发经费投入力度，深化研发经费管理

制度改革，全面推动资金与重大项目、基地、人才等一体化配置，建立装备制造业数字化转型关键核心技术攻关人才特殊调配机制，推动人才跨领域、跨部门、跨区域一体化配置。赋予科研人员更大技术路线决定权、经费支配权和资源调度权。完善人才激励机制，鼓励事业单位聘用高端数字化人才，实行市场化薪酬制度。尽快在数字经济领域开展科研成果所有权改革试点，积极探索科技成果折股、知识产权入股、科技成果收益分成等方式，激发科研人员和经营管理人员创新创业活力。构建专业化、全方位、全周期数字人才服务综合体，让人才无后顾之忧。明确各类数字化人才认定标准，建立健全数字经济卓越工程师职称制度，鼓励数字经济龙头企业开展职称自主评审工作，推动数字经济专业人才与技能人才职业发展双向贯通。在资金方面，设立省级政府主导、省级财政性资金与省政府授权省属企业联合发起的数字化转型基金，带动社会资本注入数字经济产业领域，助力河南装备制造企业数字化转型发展。支持设立市场化转型基金，鼓励国有企业和产业龙头企业进军创投行业，设立企业风投公司或创投基金，重点发展支持数字产业的市场化母基金，聚焦产业链式发展，开展延链、补链型投资。出台更有竞争力的政策，吸引天使、风投、创投机构落户河南，推动天使、风投、创投基金与数字经济领域实验室、中试基地等创新平台对接。

参考文献

王令：《数字经济引领河南省产业转型升级研究》，《中小企业管理与科技》2022 年第 3 期。

《加快实施数字化转型战略　全方位打造数字强省》，河南机关党建网，2022 年 3 月 28 日，http：//www. hnjgdj. gov. cn/2022/0328/63506. html。

《广东省人民政府关于印发广东省制造业数字化转型实施方案及若干政策措施的通知》（粤府〔2021〕45 号），2021 年 6 月 30 日。

张世珍：《数字经济面临的治理挑战及应对》，《光明日报》2021 年 2 月 9 日。

赵西三、宋歌主编《数字化转型战略的河南实践》，社会科学文献出版社，2022。

《协商论坛》编辑部：《紧跟数字强省步伐，助推产业转型升级》，《协商论坛》2022 年第 9 期。

B.11

河南新能源汽车产业数字化转型研究

袁 博*

摘 要： 近年来，河南新能源汽车产业快速发展，河南已经成为国内新能源汽车产业发展较好的地区，但产业发展模式仍然偏传统，产业数字化水平不高，与发达地区差距较大，已经开始阻碍产业持续健康发展。因此，政府相关部门要进一步出台鼓励产业数字化转型的政策，相关企业要积极进行技术研发，实施数字化转型战略，最终实现河南新能源汽车产业数字化转型。

关键词： 新能源汽车 数字化转型 河南

河南是工业大省，但工业发展一直存在"偏下游、偏传统、偏低端、偏重化"的"四偏"问题，因此需要大力进行传统产业转型升级，其中数字化转型是重要方向。河南整体数字化发展水平不高，数字化综合发展水平尚未进入全国前十，低于地区生产总值排名，与经济大省身份不符。河南须加速实施数字化转型战略，争取进入全国数字化综合发展水平前列。

河南加快产业转型升级，一方面要实现传统产业转型升级，另一方面要大力发展节能、环保、高效、高附加值战略性新兴产业。数字化转型是产业转型升级的必经之路，是重塑产业竞争优势、构建现代化经济体系的重要抓手，是推进治理体系和治理能力现代化的有力支撑，是赢得优势、赢得主动、赢得未来的战略之举，能够助力河南抢占新赛道、抢滩新蓝海。

---

* 袁博，河南省社会科学院数字经济与工业经济研究所助理研究员，研究方向为新能源汽车。

河南是全国先进制造业大省，经过“十三五”的发展，规模以上制造业增加值达1.65万亿元，稳居全国第5位、中西部地区第1位。制造业依然是经济发展的主力军，促进数字技术和实体经济深度融合，特别是与先进制造业深度融合可以持续推动制造业做大做强，最终促进整体经济发展。新兴产业是先进制造业的重要组成部分，是经济增长的新动力，相较于传统产业，新兴产业具有高技术含量这一显著优势，更易实现数字化转型。近年来，河南大力发展战略性新兴产业，2022年4月，河南省人民政府公布首批15个战略性新兴产业集群，涉及13个地市。这一名单标志河南省地方政府开始加速发展战略性新兴产业，凸显其在中长期经济发展规划中的重要性。

新能源汽车产业是近年来发展较好的战略性新兴产业，河南新能源汽车产业近年来同样快速发展。2021年，全省新能源汽车产量达6.05万辆，同比增长12.1%，其中新能源客车产量常年居全国第1位。在新能源汽车推广方面，截至2022年3月底，河南新能源汽车保有量已达到66.73万辆，郑州新能源汽车保有量超过18万辆，稳居全国城市新能源汽车保有量前十。郑州新能源公交车占比达100%，居全国第1位。河南培育了宇通客车、中创新航、海马汽车、森源电气、速达汽车等一批本土新能源汽车相关企业，其中宇通新能源客车产销量连续多年居全球第1位。河南是国内少数拥有涵盖原材料、零部件和整车制造的完整新能源汽车产业链的地区。

河南新能源汽车产业发展成效显著，但存在诸多问题，其中最为突出的是数字化程度不高，特别是与产业发达地区的差距较大，已经阻碍了产业持续健康发展。相关部门和企业要尽快制定应对策略，加快河南新能源汽车产业数字化转型，缩小与产业发达地区的差距，最终促进产业的持续快速发展。

一 以智能化和信息化加速数字化转型

信息化和智能化是近年来新兴产业发展的新方向和新趋势，也是产业发展的新增长点。新能源汽车结构简单，核心零部件都是电子部件，更易实现信息化、智能化和网联化，相对于传统汽车有更多的数字化应用场景，包括智能驾驶、数字座舱、供应链协同、智能化生产、用户社群服务等。数字化转型加速契合产业高速发展的需求，帮助企业应对挑战，产生新业态和新商业模式，成为新能源汽车产业高质量发展的新起点和驱动力。数字化包括大数据分析平台、人工智能/机器学习、敏捷开发平台、高性能计算以及智能网联云端参考架构等。数字化为新能源汽车个性化定制提供了更大的空间，也对供应链协同提出了更高的要求。

新能源汽车产业的数字化首先要实现智能制造，即智能装备、信息技术与操作运营技术的整合和流程数字化管理系统。产品全生命周期管理、资产运营和业务履约 3 条价值链涉及的环节以及相应的数字化转型业务流程包括：实现产品设计、生产制造等业务管理系统数据流深度集成；实现产品设计、工艺开发、工艺仿真验证和现场制造的一致性，并实现现场无纸化管理；实现用户下单、物料需求计划、供应商采购、物料入厂配送、库存管理等业务管理系统数据流集成，实现用户下单、订单排产、生产制造到整车交付的业务管理系统数据流集成。

河南新能源汽车企业数字化程度不高，与产业发达地区相比差距较大。近年来，宇通客车、中创新航、许继电气、森源电气、多氟多等相关企业积极进行数字化转型，特别是从传统生产方式向智能制造加速转型升级，同时与相关电子信息企业合作，提升企业内部管理信息化水平，以智能化和信息化加速推动河南新能源汽车产业数字化转型。

二　以产业集群引领数字化转型

河南省缺乏新能源汽车产业集群，近年来相关部门积极采取措施，通过建立产业集群和引进省外先进企业，提升本土新能源乘用车领域发展水平。2022 年 4 月 11 日，河南省人民政府公布省内首批 15 个战略性新兴产业集群，其中郑州经济技术开发区新能源及智能网联汽车产业集群入围，是省内唯一的新能源汽车产业集群。集群目前拥有13家国家级研发中心，上汽、海马、东风日产、宇通4家整车厂，6家专用车厂以及近300家配套零件企业，形成集生产、研发、销售、服务等于一体的完整汽车产业生态，是省内乃至国内重要的新能源汽车产业集群。河南还成功引进一批省外新能源汽车企业，海马汽车、上汽集团、比克新能源先后在省内投资建厂，生产新能源乘用车。2021年9月9日，河南省人民政府与比亚迪签订战略合作协议；9月22日，郑州比亚迪汽车有限公司在郑州航空港区注册成立；2021年10月，比亚迪以7.27亿元竞得郑州4104亩工业用地，项目总投资超过100亿元，至此比亚迪乘用车项目正式落户郑州航空港区。2022年6月22日，河南省人民政府、洛阳市人民政府与宁德时代签订战略合作框架协议；9月28日，宁德时代洛阳新能源电池生产基地（中州时代）开工仪式在河南洛阳举行。中州时代位于洛阳市伊滨区，项目规划用地面积1700亩，项目总投资不超过140亿元。比亚迪和宁德时代两大新能源汽车龙头企业先后到来，可以形成各自的产业集群，进一步增强河南新能源汽车产业整体实力。

河南致力于建立新能源汽车本土产业集群和引进产业集群同时推动，目前已经卓有成效，产业集群中企业众多，可以相互协同发展，形成集聚发展效应。郑州经济技术开发区新能源及智能网联汽车产业集群拥有来自省内和省外的数百家企业，其中不乏智能网联汽车相关企业，可以率先促进集群内数字化转型。比亚迪、宁德时代等省外龙头企业本身在数字化领域水平较高，进入河南投资建厂后可以利用自身在智能网联领域的优势在河南本土进行数字化转型。河南本土产业集群和引进产业集群可以共同推动全省新能源汽车产业数字化转型。

三　与相关产业协同发展促进数字化转型

新能源汽车是汽车这一传统工业产品的最新形态，其在车辆性能、内部结构、后期维护等方面与燃油车差异巨大。新能源汽车内部结构简单，电气化设备众多，极易适配智能网联系统。新能源汽车不仅是交通工具，更是为驾乘者提供数字化体验的智能座舱和交互中心。新能源汽车的智能网联系统不仅需要汽车企业进行研发，还需要电子信息、智能制造、互联网通信等相关领域企业参与。河南新能源汽车产业依靠自身进行数字化转型，需要投入大量资金、人力和物力研发相关技术，而这一过程需要较长时间，导致转型效率低。河南新能源汽车产业数字化转型除了依靠自身之外，更重要的是与相关产业协同发展，利用产业优势更加高效和低成本地推动数字化转型。

河南电子信息、智能制造、互联网通信等相关产业发展水平不高，缺乏本土大型企业。近年来，相关部门持续加大力度引入相关领域企业，华为、阿里巴巴、腾讯等互联网龙头企业相继落户河南。2017 年 2 月，河南省人民政府批复龙子湖“智慧岛”建设总体方案。作为河南国家大数据综合试验区先导区和核心区，龙子湖“智慧岛”目前已引入 200 多家省外大数据企业，入驻资金近万亿元，企业数量和资金总量已经初具规模，接下来还需要提高质量，引入国内外先进大数据企业，并加强与新能源汽车产业在信息化、智能化和网联化等领域的合作，推动互联网、大数据在新能源汽车领域的应用，促进产业协同发展，最终实现河南新能源汽车产业数字化转型。

四 建立完善的人才体系

人才是技术创新的掌控者，是企业管理的实施者，是产业发展之本，人才的整体水平和素质往往对产业长远发展产生重大影响。新兴产业作为经济新增长点，对高端人才的需求更加强烈。河南新能源汽车产业在人才引进和培养方面明显欠缺，只有宇通客车、森源集团等实力雄厚的企业对相关人才有一定的吸引力。河南新能源汽车产业应通过建立数字化人才培养机制吸引人才，完善人才激励制度，激发人才的创造力，鼓励人才积极创新，进一步促进未来产业发展。

建立新能源汽车数字化人才独立引进体系，高度重视新能源汽车数字化人才，与招聘一般员工的体系明确区分开来，提高新能源汽车数字化人才地位，将其视为企业发展的中流砥柱。从各高校、科研单位或企业研究所选拔相关优秀人才，提供优厚的工资待遇和福利，给予住房、交通、医疗、伙食等基本生活开支补助，分担青年人才刚进入社会工作承受的压力。完善人才引进体系，严格按照引进流程引进人才，做到引进过程透明、公平、公正、公开，不仅要引进直接参与新能源汽车数字化转型的技术人才，还要引进保障新能源汽车数字化转型的相关管理人才，做到引进所有涉及新能源汽车数字化转型的人才，实现“全人才链”引进。

同时，建立区别于一般员工的新能源汽车数字化人才独立培养机制，根据新能源汽车数字化人才不同特点进行适合他们的个性化培养，充分激发新能源汽车数字化人才的创造性和革新性，培养他们独立思考问题的能力和对环境的应变能力，使他们能够在各种复杂环境中工作。除了培养专业技能外，还要培养健全的人格，使他们学到的知识真正为企业所用。

政府应在引培新能源汽车数字化人才方面给予企业相应的补贴和优惠政策，帮助企业引进和培养优秀新能源汽车数字化人才，促进企业更好更快发展。

参考文献

袁博：《河南新能源汽车产业如何“出圈”》，《河南商报》2022 年 8 月 30 日。

袁博：《新能源汽车发展路径与创新研究》，河南人民出版社，2021。

区 域 篇

Regional Reports

B.12
郑州制造业数字化转型研究报告*

王云峰**

摘　要： 工业制造业是郑州战略性支柱产业。当前，新一代信息网络技术与制造业深度融合，制造业形态正发生深刻嬗变。郑州市贯彻落实“十大战略”，坚持把数字化转型作为制造业高质量发展主攻方向，大力推进智能化改造、网络化应用、融合化发展工程，取得了一定成果。本报告围绕顶层设计、工业互联网、企业上云、服务供给等领域介绍郑州市制造业数字化转型路径，为河南从制造大省向制造强省转变提供经验和实践支撑，提出智能制造、平台支撑、数字新基建、创新生态、聚焦人才等推动郑州制造业转型升级的思路对策，为“数字强市”建设提供参考。

关键词： 制造业　数字化转型　产业升级　郑州

* 本文数据资料依据郑州市工业和信息化局内部资料整理。

** 王云峰，郑州市工业和信息化局两化融合处处长。

郑州市扎实推进实体经济和数字经济融合发展，以数字技术与先进制造业的融合创新为主线，持续深入推动制造业数字化转型，推动制造业由大变强，夯实实体经济根基，为郑州国家中心城市现代化建设、加快打造先进制造业高地提供坚实支撑。

一　郑州市制造业数字化转型概况

制造业是实体经济的基础，更是数字化转型的主战场，加快数字化转型是推进制造业高质量发展的必然要求。面对制造业供给与市场需求适配性不高、产业链供应链安全稳定面临挑战、资源环境要素约束趋紧等问题，郑州大力发展以战略性新兴产业为支撑的先进制造体系，以智能制造为主攻方向，坚定不移推动制造业数字化转型，发挥数字经济的放大、叠加、倍增作用，以“鼎新”带动“革故”，郑州工业经济壮大了新动能、呈现了新气象。

工业增长动力强劲。在新冠肺炎疫情和水灾双重不利影响下，近两年郑州工业经济逆势上扬，规上工业增加值平均增速达 8.2%，在 9 个国家中心城市中居第 2 位。工业结构大幅优化。六大制造业主导产业占规上工业的比重超过 80%，战略性新兴产业占规上工业的比重达到 43.4%，高耗能产业占规上工业的比重下降到 28.9%，单位工业增加值能耗年均下降超过 10%。创新活力显著增强。高技术产业增加值增长 26.5%，占规上工业的比重上升至 32.7%，制造业研发投入占全社会研发投入的比重保持在 50% 以上，建成省级制造业创新中心 6 家、省级以上工业设计中心 38 家。优质企业持续集聚。促进各类创新要素向企业聚集，推动大中小企业融通创新，培育有研发活动的规上工业企业近 1200 家、“高技术高成长高附加值”企业 2035 家、“专精特新”中小企业 1791 家，其中国家“单项冠军”企业 7 家、专精特新“小巨人”企业 112 家，市场主体的活力和实力不断增强。

二　郑州市推动制造业数字化转型的举措

郑州深入实施智能化改造、工业互联网、上云上平台、转型伙伴、新基建“五大行动”，智能制造供给能力不断提升，示范标杆不断涌现，应用推广成效明显，制造业数字化转型加速推进。

（一）实施智能化改造行动，树立标杆示范

按照“政府引导、市场驱动、示范带动、协同推进”的发展思路，通过筛选基础好、能力强、水平高的企业打造示范标杆、推广实践经验，实现以点带面提升行业智能制造水平。

一是建立项目化推进机制。牢固树立“项目为王”理念，依托省智能制造项目库、市工业投资重点项目库，每年滚动实施100项以上示范性强、带动力大的智能化改造重点项目，创建国家级智能制造类试点示范企业（项目）40家（个）、省级智能制造类试点示范企业（项目）322家（个）。建立政府引导、企业主体、服务商支撑、智库辅导、金融支持“五位一体”联动扶持机制，加强对项目的动态跟踪、监测、服务，通过“项目带动、项目化推进”为企业“智改数转”注入原动力和驱动力。

二是建立分行业诊断机制。围绕主导产业，通过政府购买服务方式组建专家团队，每年对3个行业的200家典型企业上门开展“一对一”数字化转型体检，编制该行业智能化改造调研报告和数字化转型指南，加快形成“一行业一解决方案”。目前已发布装备制造等4个行业数字化转型指南，正在开展电子信息等3个行业诊断服务。

三是建立标杆引领推广机制。汇编制造业数字化转型典型案例集，动态构建“一行业一案例集”，分行业组织召开现场观摩、点评和经验交流活动，不断总结示范企业的经验模式和特色做法，移植、推广成功经验和模式，以标杆引领行业“智改数转”。海尔热水器互联工厂成为全球热水器行业首座端到端灯塔工厂，利用大数据、5G边缘计算和超宽带解决方案，将订单响应速度提高了25%，生产效率提高了31%，产品质量提高了26%。三全食品获批国家级智能制造示范工厂，成为我国速冻食品领域智能制造典范。8家企业获评省级智能制造标杆，131家企业建成省级智能车间（工厂）。

（二）实施工业互联网行动，搭建赋能平台

工业互联网是产业数字化的基础设施和载体，郑州以“建平台、用平台、筑生态”同步推进的方式，加快构筑工业互联网平台赋能体系。

一是构筑工业互联网平台体系。谋划建设全市工业互联网公共服务平台。通过“一中心、一大脑、N系统、X服务”的平台架构，实现企业信息“一览无余”、工业经济“一屏掌控”、涉企服务“一窗通办”、惠企政策“一键智达”等功能。支持河南移动、宇通客车等企业提升工业互联网平台综合服务能力和全国影响力，打造全国性跨行业、跨领域工业互联网平台。鼓励本地制造业龙头企业、软件企业和基础电信运营商树立平台经济链式思维，打造面向重点行业、特定领域和区域的工业互联网平台。目前，已培育14家省级工业互联网平台，2家企业入选国家工业互联网创新工程，4家企业获评国家级工业互联网试点示范项目，3家企业入选国家工业互联网平台创新领航应用案例。

二是构筑工业互联网赋能体系。鼓励工业互联网平台加快工业App培育、集聚，推进研发设计、生产制造、运营管理等领域知识显性化、模型化、标准化，大力发展基于SaaS模式的研发设计类、生产控制类、信息管理类工业软件，形成一批工业App和解决方案。目前已开发上线工业App近千个，连接设备600余万台，河南智业科技、裕展精密等3家企业入选国家工业互联网App优秀解决方案。

三是构筑工业互联网生态体系。以位于中原区芝麻街双创园区的国家工业互联网平台应用创新推广中心为核心，整合智能制造和工业互联网平台等相关“政产学研智金”资源，为工业企业提供政策匹配、解决方案、场景用例、测试验证、评估认证、人才培养、共性技术研发、专家智库、产融对接等服务，集聚全国知名工业互联网平台运营商、系统解决方案供应商、中小企业数字化转型服务商等资源，打造支撑企业数字化转型发展的一站式赋能体系。

（三）实施上云上平台行动，推动扩面增效

鼓励制造业企业提升深度用云水平，加快由生产设备上云向研发、管理

等上云拓展，依托工业互联网平台实现生产管理数据云端汇聚和在线管控，全面提升制造业产品创新、质量管控、能耗管理、精准运维和综合服务水平。

一是推动上云上平台“扩面”。制定《郑州市推进企业上云实施指南2020—2022年》，围绕电子信息、汽车装备等主导产业，分行业明确上云路径，为企业上云提供参考，联合服务商开展形式多样的线上线下推广活动。推动“万企上云上平台”，培育省级企业上云服务商35家，占全省的80%以上；全市上云企业累计超过5.6万家，占全省的近1/3；引导接链企业5200家，居全省首位。

二是推动上云上平台“增效”。针对不同行业、不同规模、不同发展阶段企业特点，进行分类指导，推动工业企业将研发设计、生产制造、运营管理等核心业务能力向云平台迁移，提升企业上云深度，与传统模式比实施成本平均降低20%，系统上线周期缩短40%。宇通客车采用混合云架构建设商用车智联平台，存储量达到5PB，接入车辆超30万台，客户超2.7万家，实现人、车、平台、设备的互联互通、感知协同，入选国家企业上云典型案例。

三是推动上云上平台“提能”。指导各上云服务商、平台服务商从供给侧发力，开发推广符合郑州市产业特点的云产品，提升资源池供给能力和水平，满足不同企业不同层次的上云需求。郑州瑞泰耐火材料有限公司通过上云上平台实现了综合效益大幅提升，成为传统行业企业数字化转型的典范，带动20余家耐火材料企业集中上云上平台。中科九洲与阿里云组成联合体，2022年上半年服务上云企业新增760家，累计服务中小企业近万家。

（四）实施转型伙伴行动，强化服务供给

着力引进培育一大批熟悉工业场景、集成能力强的供应链企业和专业服务商，为企业数字化、智能化转型提供全方位服务。

一是引进培育服务机构。围绕制造业数字化转型需求，引进培育一批面向不同行业的制造业数字化转型服务商，集聚省级企业上云服务商35家、

省级中小企业数字化转型服务商60家。郑州15家企业入选省级智能制造系统解决方案供应商推荐目录，中机六院成为河南唯一入选第一批智能制造系统解决方案供应商推荐目录的单位。郑州各类解决方案供应商数量占全省的80%以上，形成立足郑州、辐射全省的制造业数字化转型赋能体系。

二是建立协同推动机制。联合工业互联网平台企业、工业云平台服务商、智能制造解决方案供应商等企业和组织，共同构建“政府引导—机构支撑—多元服务”的联合推进机制，鼓励各数字化转型服务商深入企业对接需求，针对传统企业数字化转型面临的关键共性问题，提供针对性强的解决方案及系统产品，完善解决方案库和资源图谱，为制造业企业数字化转型提供平台及服务支撑。

三是揭榜破解转型难题。鼓励制造业企业和数字化转型服务商以新一代信息技术与制造业融合为重点，围绕一批可复制推广、具有示范带动效应的制造业数字化转型典型应用场景开展揭榜合作，构建适应数字经济时代的新型能力体系。28家企业入选省级新一代新技术融合新模式项目，2家企业入选国家新一代信息技术与制造业融合示范项目。宝冶钢构5G智慧工厂使生产效率提升5倍、生产成本降低20%；金惠科技5G+机器视觉检测系统，毫秒级耗时，可检测出微米级产品缺陷，准确率达到99.99%；瑞泰耐材利用“5G+”技术使产品制造周期缩短20%。

（五）实施新基建行动，夯实转型基础

郑州市加快网络基础设施建设，大力发展数字核心产业，提升制造业网络安全防护能力，不断夯实制造业数字化转型基础。

一是夯实网络基础。制定5G网络建设和产业发展年度实施方案，推进5G基站和室分系统建设，协调解决疑难站址、转供电改造等难题，累计建成5G基站3.5万个，5G网络规模进入全国第一方阵。加快打造国家信息枢纽、算力枢纽，国家级互联网骨干直联点总带宽达到1820G，居全国第6位。互联网内平均时延、网间平均时延均居全国第3位。建成国家超算郑州中心和4个超大型、1个大型、16个中小型数据中心，形成了中部一流的算

力设施。郑州联通中原数据基地 IDC 数据中心入选国家新型数据中心典型案例。

二是夯实产业基础。坚持“一硬一软”双路突破，补芯、引屏、固网、强端、育企协同并进，以新型显示和智能终端、传感器、网络安全为重点，培育壮大优势产业，新型显示和智能终端生产集群规模持续壮大，中国（郑州）智能传感谷加快建设，超聚变项目产值突破百亿元，区块链、元宇宙、网络安全产业园等项目落地，与华为、海康威视、新华三等龙头企业的合作持续深化。2022 年上半年，郑州电子信息产业增加值同比增长 17%，软件和信息技术服务业增长 23.1%，数字经济核心产业占全省的比重超过 40%。

三是夯实安全基础。落实企业网络安全主体责任，推动工业企业将网络安全建设引入信息系统规划、建设、运行等全生命周期，围绕设备、控制、网络、平台、数据安全等部署有效安全技术防护手段。加快网络安全产业发展，依托信大捷安、山谷网安、中盾云安等网络安全龙头企业，围绕制造业网络安全需求，加大研发投入力度，积极研发网络安全新技术、新产品，为企业提供更加优质高效的服务和全方位信息安全解决方案。

三 推动制造业数字化转型的经验启示

郑州对制造业数字化转型进行了多方面探索，积累了一定的经验，为河南其他地市高质量推动数字化转型带来一些有益启示。

（一）推进制造业数字化转型必须强化顶层设计

数字化转型是企业、行业做大做强的必由之路，也是一个地区发展数字经济的必然选择，推进制造业数字化转型必须加强形势研判、强化顶层设计和规划引领，在数字经济与制造业融合发展的浪潮中赢得主动、抓住先机。郑州市不断强化智能制造领域顶层设计和统筹规划，先后制定实施了《郑州市实施数字化转型战略行动计划方案》等“1+N”政策文件，以及《郑州市制造业数字化转型三年行动计划（2020—2022 年）》《郑州市加快工业互联网发展实施方案（2021—2023 年）》《郑州市工业互联网发展规划（2018—2025 年）》等多项规划方案，每年制定制造业数字化转型工作专案，明确发展目标和重点任务，细化工作举措，形成目标明确、步骤清晰、组合推进的工作思路，有效引导智能制造整体工作快速推进。同时，结合智能制造诊断服务，制定主导产业数字化转型指南，加快形成“一行业一标杆、一行业一解决方案”，探索智能制造发展新路径，政府和企业共同发展智能制造的途径更加明确。

（二）推进制造业数字化转型必须强化政策引导

企业尤其是广大制造业中小企业，在实施数字化转型中面临很多实际问题，如前期软硬件改造投入大、流动资金紧张、技术人才引进难、不可知风险多等。强化政策引导和资金支持对提升企业数字化转型信心、帮助企业渡过转型难关很有帮助。郑州通过降低政策门槛、提高资金奖补额度，持续支持企业实施数字化改造，对新建智能制造项目、智能化改造项目给予奖励补贴，对国家、省级工业互联网平台培育单位给予配套资金奖励，对各类国家级、省级智能制造试点示范给予一次性奖励，对企业上云费用进行 70%的补贴，对工业互联网培育企业给予 50%配套奖励。大力开展“万人助万企”政策宣讲和“政策落实进千企”活动，梳理 5 大类 46 项智能制造惠企政策，汇编成册发放给企业，成立市、县两级政策宣讲团，基本做到规上工业企业全覆盖，有效破解政策落实“最后一公里”问题。2021 年，在智能制造领域郑州发放市级财政奖补资金近 1.6 亿元，政策精准落到企业急需处，激发了市场主体活力，提振了企业发展信心。

（三）推进制造业数字化转型必须强化上下联动

数字化转型是一项系统性工程，涉及工信、发改、规划、金融、生态环境等部门，要想把这项工作做好，必须破除本部门、本地区狭隘本位主义思想，加强统筹协调，共同研究推进。郑州成立以市委主要领导为组长的

"数字郑州"建设工作领导小组和以市政府主要领导为组长的郑州市数字经济发展领导小组，将数字化转型工作作为"一把手工程"统筹推进。制定《郑州市2022年度数字化转型专项绩效考核方案》，将强化数字化转型基础支撑、加强数字化转型示范引导、实施智能制造引领工程、构建工业互联网赋能体系等制造业数字化转型重点工作纳入全市绩效考核体系，每季度进行精准考核，强化日常调度管理，保证全市制造业数字化转型工作落到实处。各市直部门、县（区、市）围绕企业数字化转型需求，深化开展"万人助万企"和产融、产销、产学研、用工等对接活动，强化企业数字化转型资金、技术、人才、市场等各类生产要素保障。积极开展制造业"智改数转"区县行、进园区等活动36场次，宣传制造业"智改数转"典型案例，促成一大批智能制造项目合作意向，涉及制造业企业3000余家，显著扩大示范带动效应。

（四）推进制造业数字化转型必须坚持分类施策

企业是数字经济发展的主力军，也是数字化转型的主战场。推动制造业数字化转型关键在于充分发挥各类企业的主动性、积极性，必须坚持分类指导、试点推广。对于众多中小企业面对数字化转型普遍存在"不想转""不敢转""不会转"的问题，郑州多措并举破解难题。通过服务商"建平台"和中小企业"用平台"双向发力，推动形成大中小企业数字化转型协作共赢生态。推动数字化小微企业园建设，鼓励小微企业园运营机构和基础电信运营商、数字化转型服务商深度合作，推进园区数字化赋能平台建设，推动园区企业整体转型。在强化惠企政策激励引导的基础上，高度重视标杆企业典型示范作用，组织行业龙头企业、科研院所、技术专家总结"智改数转"成果和经验，印发《郑州市智能制造和工业互联网企业汇编》，带动更多中小企业"转起来"。持续实施优秀企业家领航计划，针对全市优秀领军型企业家和成长型企业家举办数字化转型专题培训班，提升企业家数字化转型认知和能力。

当前，郑州制造业数字化转型处于从大型企业牵引到中小企业普及的转变阶段，众多中小微企业遭遇数字化转型"技术挑战强、业务再造难、转换成本高、短期收益低、试错风险大”的瓶颈，依然存在“不想转”“不敢转”“不会转”的问题。同时，全国性“双跨”工业互联网平台建设推进效果不明显，平台运营模式及自身建设水平还有待提升，特别是面向重点行业和区域的特色型工业互联网平台及面向特定领域的专业型工业互联网平台仍需进一步培育、建设。

四 加快制造业数字化转型的思路与对策

（一）实施数字基础设施升级行动

1. 建设高速泛在的网络基础设施

加快 5G 独立组网规模化部署，强化室内场景、地下空间、重要交通枢纽及干线沿线 5G 网络覆盖。加快“双千兆城市”建设，推进乡镇以上 10G-PON OLT 设备规模部署，持续实施郑州国家级互联网骨干直联点提升工程，积极争取国家（郑州）新型互联网交换中心布局。加快构建城市卫星互联网，推进“天地一体化”网络融合发展，前瞻布局 6G、量子通信、太赫兹通信等未来网络基础设施。

2. 统筹数据和算力基础设施

加快推动绿色数据中心建设，加快建设国家（郑州）数据枢纽港、中国移动（河南）数据中心、中国联通中原数据基地、中国电信郑州航空港数据中心，打造中部地区超大型绿色数据中心集群。建设人工智能计算中心，构建自主可控的人工智能生态体系，打造提供算力服务、数据服务和算法服务的公共算力基础设施。围绕算力、数据和算法着力构建人工智能全产业链，打造产业创新集聚平台，加速人工智能应用场景落地，助力传统产业转型升级。建设高性能科学数据中心，实施国家超算郑州中心提质增效扩容工程。加快研制新一代海光芯片（郑大芯），并基于此构建未来 E 级计算系统技术路线。加快研制新一代“经典+量子”超融合计算系统，构建全新形态的超级计算大科学装置。

3. 打造全域网络空间安全体系

完善数据安全保障体系，加强数据全生命周期安全管理，建立健全相关技术保障措施，加强前沿技术在数据安全监管、网络安全防护等方面的应用。建立数据分类分级管理制度和个人信息保护认证制度，加强对重要数据、企业商业秘密和个人信息的保护，规范对未成年人个人信息的使用。加强数据安全保障能力建设，引导建设数据安全态势感知平台，提升对数据使用、泄露等安全隐患的监测、分析与处置能力。完善网络安全链条，加快物联网智能终端、服务器等核心领域国产化进程，加紧部署国家加密技术应用，加快部署国产芯片、操作系统、国产应用，保障物理空间和数字空间安全。全面推进网络安全应用建设，建设安全大脑、安全大数据监测平台，保障网络空间安全。

（二）实施数字经济加速发展行动

1. 高质量推进数字产业化

（1）培育壮大新兴数字产业

大力发展软件服务业。提升操作系统、数据库、中间件等基础软件开发能力，重点发展嵌入式系统、分布式数据库和大数据处理引擎、行业用研发设计类软件、生产控制类软件、管理类软件产品及工业 App，加快建设中原科技城、鲲鹏软件小镇、中科院软件所郑州基地等优质产业载体。加快软件与 5G、物联网、云计算、大数据、人工智能等新一代信息技术融合应用，构建政务、金融、医疗、教育等领域软件产业生态体系。

提升网络安全产业优势。加快推进智能终端、安全芯片、云计算、大数据、5G、车联网等领域网络安全技术攻关和产品开发，重点发展安全芯片、安全可控智能终端、网络安全服务、工控系统安全、车联网安全等产品，加快发展网络入侵检测、互联网不良信息检测、商用密码应用安全性测评、信息系统等级保护测评等安全检测和测评服务。依托金水科教园区和紫荆网络安全科技园等，打造“安全芯片研发+安全智能终端生产+移动安全服务”全产业链条，建设河南省信息安全产业示范基地。

推进新一代人工智能创新应用。加强大数据智能、跨媒体感知计算、人机混合智能、量子智能计算、自主协同与决策等基础理论研究，推动图像识别感知、数字图像处理、语音识别、智能判断决策等关键核心技术研发和应用。聚焦智能制造、智能物流、智能农业、智能金融、智能交通、智能医疗、智能文旅等领域，打造一批“智能+”应用场景，发展智能网联汽车、智能机器人、智能无人机等智能产品，推进国家新一代人工智能创新发展试验区建设。

加快区块链技术研发与应用。加强加密算法、共识机制、智能合约、侧链与跨链等关键技术研发和应用，重点发展区块链基础支撑平台、可信存证平台、可信数字身份管理服务平台、仿真实验教学平台等产品，加快发展区域联盟链和企业联盟链、私有链。培育壮大本土区块链龙头企业和研究机构，推进区块链产业园区建设。推动区块链技术与大数据、物联网和人工智能技术融合发展，在金融、司法、政务、能源等应用领域树立典型示范。

推动北斗产业深度应用。围绕信息时空感知、计算、量测，以及控制汇聚新技术、新需求与新业态，推进北斗智能时空数字产业基地、国家北斗产业产品质量监督检验中心建设。加快推进金融、能源、电力、减灾防灾等领域北斗应用，加强定位、导航和授时等优势领域终端研发和产业化，推进“北斗+”产业发展。

前瞻布局元宇宙产业。鼓励企业及科研机构建设元宇宙技术研究中心、元宇宙产业研究院等，前瞻布局元宇宙底层核心技术研发。重点支持工业元宇宙发展，布局一批“元宇宙+智能制造”示范应用。

（2）突破提升电子核心产业

巩固提升新型显示和智能终端产业优势。加快实现由以终端生产为主向以屏端并重链式发展为主转变，引进有机发光二极管（OLED）、微发光二极管（Micro LED）、印刷显示、量子点显示等先进显示技术及项目，积极发展智能可穿戴设备、虚拟现实、增强现实、智能家居以及面向未来网络的新型智能终端等。

加快发展智能传感器产业。加快推进基于微机电系统（MEMS）的智能传感器研发设计，提升 MEMS 传感器研发、制造、封测能力，研发多功能、多传感参数的复合传感器，构建智能传感器、射频卡、嵌入式芯片、传感网络设备等产品体系。推动中国（郑州）智能传感谷建设，培育引进智能传感器产业链上下游龙头及配套企业，加快产业集聚发展。打造基于智能传感器的系统解决方案，以系统平台建设推动产业应用融合发展。

深化计算产业应用发展。推进鲲鹏生态建设，加快鲲鹏生态创新中心建设，培育引进自主可控的领军企业和鲲鹏生态企业，壮大鲲鹏产业生态市场主体规模，推动企业和高校合作建立鲲鹏产业学院，培育全国领先的鲲鹏计算产业链和价值链。

2. 高效能推进产业数字化

（1）实施智能制造引领行动

广泛开展“设备换芯、生产换线、机器换人”行动，推动企业实施数字化改造，加快建设一批智能工厂、智能车间。推广个性化定制、网络协同制造等新模式，提升产品全生命周期管理能力、供应链全过程管理能力、产业链上下游协同能力。引导龙头企业打造“黑灯工厂”“灯塔工厂”，争创国家级、省级智能制造试点示范。鼓励云服务商提供迎合中小企业需求的数字化产品和服务，推动中小企业工艺流程优化、技术装备升级。征集培育一批制造业数字化转型服务商，依托数字化转型服务商开展智能制造诊断服务，通过专家入户诊断解决企业数字化转型的痛点、难点问题。开展智能制造分级评价，推动企业向自动化、数字化、网络化、智能化方向提档进阶。

（2）实施工业互联网突破行动

建设工业互联网公共服务平台，汇集各级政府涉企数据和企业直报数据，通过多维度工业数据建模分析，构建可视化产业地图。加快工业互联网平台体系构建，引导具有全国影响力的双跨型工业互联网平台落地，鼓励制造业龙头企业牵头搭建工业互联网平台，开发汇聚一批符合郑州产业特点的工业 App，推进郑州市工业互联网“一平台、一中心、四体系”建设。

（3）实施新模式新业态培育工程

支持制造业企业发展平台化设计、网络化协同、个性化定制、服务化延

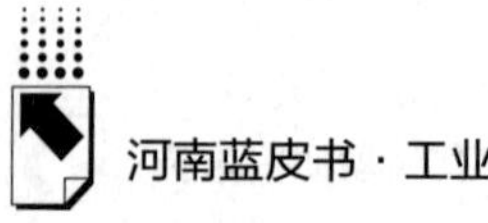

伸、数字化管理等新模式新业态，加快生产方式、企业形态和商业模式变革。引导制造业企业广泛开展“两化”融合对标贯标，发展总集成总承包、供应链管理等服务型制造新模式。

（三）实施创新平台支撑行动

1. 建设数字化领域重大科研平台

瞄准科技前沿领域和国家重大战略需求，坚持“高起点谋划、高水平推进、高强度资金投入”，实施重大科学装置筹建计划，整合重组实验室体系，谋划推进网络安全专用大科学装置落地。高水平建设黄河实验室，打造流域协同创新科研高地；高水平建设嵩山实验室，打造核心人才队伍，健全体制机制，推进科研项目实施，努力成为国家战略科技力量的重要组成部分和“预备队”。

2. 健全产业数字化转型技术创新体系

在郑州智能终端、新一代信息技术、高端装备、新能源汽车等优势产业基础上，建立完善各层级数字化转型创新平台功能设施和配套政策，营造更适合数字化转型人才、更满足科创活动需要的场景和环境，以数字化转型升级为主线，联动全市各类创新资源，在重点领域构建特色鲜明、重点突出的数字化转型技术创新基础设施集群，力争实现郑州国家制造业创新中心零的突破。

3. 全面优化数字化创新创业生态

依托重点园区、企业，构建“研发中心—中试基地—产业园区”全链条技术研发和转化体系，通过集聚创新服务机构，推动市级产业创新公共服务平台数字化服务能力全覆盖，提升国家技术转移郑州中心运行质效。推进双创载体“智慧岛”标准化建设，构建全要素开放式众创空间，开展创新街区、“楼上楼下”创业综合体建设试点，打造一批新兴产业集聚区、未来产业先行区和创新创业引领区，营造一流的创新生态“小气候”。

4. 引育高水平数字创新人才

实施郑州人才计划，以更加开放灵活的人才政策、更具竞争力的公共服务和更加创新的科创场景为引领，大力引进国内外一流战略科技人才、科技领军人才和高水平创新团队。加快推进实施数字人才计划，聚焦重点领域、产业，加强与域内大学和高职院校合作，开展学科设置试点，深化产教融合，大规模培养应用型、技能型数字人才，形成多层次人才梯队。

参考文献

《郑州市制造业数字化转型三年行动计划（2020—2022 年）》（郑制高组办〔2020〕4 号）。

《郑州市加快工业互联网发展实施方案（2021—2023）》（郑工网组〔2021〕1 号）。

《郑州市“十四五”先进制造业高地建设规划》（郑制高办〔2021〕23 号）。

《推动企业上云实施指南（2018—2020 年）》（工信部信软〔2018〕135 号）。

张培、陈志斐：《区块链推动郑州市制造业转型升级路径研究》，《网络安全技术与应用》2022 年第 2 期。

王超然：《郑州制造业高质量发展问题研究》，《商业经济》2021 年第 7 期。

B.13
洛阳制造业数字化转型研究报告

赵站伟　曹磊　栗擎*

摘　要： 洛阳以制造业企业数字化转型为抓手，加快互联网、大数据、5G技术与制造业融合发展，推动传统制造产业向“风口”产业转型，从“洛阳制造”向“洛阳智造”转变，不断完善数字产业融合新生态。但洛阳制造业数字化转型仍面临创新开放度不足、企业意识观念老旧、信息化发展不均衡等挑战。本报告总结洛阳市制造业数字赋能的经验举措，建议围绕工作机制、产业链升级、项目建设、生态培育、服务能力等方面进一步将“两业融合”走深走实，努力打造数字经济新高地。

关键词： 制造业　数字化转型　洛阳

近年来，洛阳市深入学习贯彻习近平总书记关于制造强国、网络强国的重要思想，全面落实中央和省关于数字化转型工作的部署，把抢抓产业发展“风口”与立足现有产业基础有机结合，先后成功创建国家IPv6技术创新和融合应用综合试点城市、国家大数据综合试验区、国家产融合作试点城市、国家产业转型升级示范区，连续三年（2018~2020年）获得工业稳增长和转型升级成效明显市国务院督查激励，2021年获得建设信息基础设施和推进产业数字化成效明显市国务院督查激励。

---

* 赵站伟，河南省洛阳市工业和信息化局党组书记、局长；曹磊，河南省洛阳市工业互联网服务中心主任；栗擎，河南省洛阳市工业和信息化局二级主任科员。

一 洛阳制造业数字化转型发展态势

2022年，洛阳市深入贯彻落实制造业高质量发展要求，聚焦“建强副中心、形成增长极”工作要求，紧紧围绕省委、省政府赋予洛阳发展新的战略定位，把智能制造作为推动制造业转型发展、高质量发展的重要举措，形成转型升级步伐加快、标杆群体不断壮大、融合应用成效凸显、企业活力显著增强的良好局面。

（一）转型升级步伐加快

紧紧抓住构建新发展格局的战略机遇，以抢抓产业风口为主线，围绕现代农机装备、高端轴承、耐火材料等领域，实施新一轮、高水平“三大改造”，实现有中生新、优势再造。累计实施制造业“三大改造”项目1395个、完成投资2122.2亿元，全市高新技术产业增加值占规模以上工业增加值的比重提高到43.9%。

（二）标杆群体不断壮大

坚持试点突破、以点带面的推进路径，着力打造具有典型意义的示范项目、标杆企业。累计获评国家级智能制造试点示范40余个，“矿山装备工业互联网平台”“现代农业装备工业互联网平台”入选国家工业互联网试点示范。培育省级智能车间（工厂）79个，中信重工、麦斯克、中航锂电3家企业被评为省级智能制造标杆。

（三）融合应用成效凸显

率先成立副县级编制的工业互联网服务中心，推动全市智能制造和工业互联网创新发展。加快建设“1+N”工业互联网平台，现有省级工业互联网平台9个，建成省内首个工业互联网标识解析二级节点，注册量、解析量分别突破1000万个和2000万次。洛钼集团大力发展智能制造，利用5G技术打造国内首家智慧矿山，营业收入超 1000 亿元，居 2021 年河南民营百强企业首位。中航光电在 5G 元器件、新能源等领域快速发展，营业收入同比增长 25.1%。中集凌宇持续实施企业数字化转型，营业收入同比增长 33.7%。

（四）企业活力显著增强

加快制造业数字化转型，大力实施高成长性企业培育行动、高新技术企业倍增计划，高新技术企业总数达 903 家，居全省第 2 位；新增“专精特新”中小企业 141 家，累计达到 212 家，占全省的 9.6%；省级创新龙头企业数量达到 25 家，占全省的 21.6%；524 家试点高成长性企业营业收入增幅超 20%。中航光电、宏兴新能等企业通过智能化改造实现快速发展，带动全市百亿级企业数量增至 17 家，发展活力不断迸发。

二　洛阳推动制造业数字化转型的做法与经验

洛阳市委、市政府高度重视制造业数字化转型，将智能制造作为引领“三大改造”的重要举措，聚焦关键环节，实施“五大行动”，强化要素保障，由点及线、由线到面推动制造业数字化转型。

（一）加强政策引导，营造数字转型“软环境”

一是加强顶层设计。出台《洛阳市数字化转型行动计划》《洛阳市制造业“三大改造”实施方案（2021—2025 年）》《洛阳市加快 5G 发展深化应用引领行动计划（2020 年—2025 年）》等一系列文件，围绕人才引进、科技创新等方面制定一系列配套政策，构建“1+3+N”智能制造政策体系。二是凝聚发展共识。先后组织召开全市数字化转型高峰论坛、智能化改造专题培训及诊断对接会等活动 30 余场次，组织重点企业赴格力集团、海尔集团、三一重工等知名企业学习先进经验，激发企业实施数字化转型的主动性、积极性。三是强化资金扶持。设立市级智能制造发展专项资金，引导企业实施数字化转型。帮助中车洛阳公司机车智能检修数字化车间等项目获得国家、省级补助资金共2.19亿元，全市用于“三大改造”项目的财政资金超6亿元。

（二）注重示范引领，紧盯智能转型“关键点”

实施标准引领行动。在省内率先制定《洛阳市企业智能化改造实施标准》，解决企业提出的“怎么改”“改什么”问题。引导企业开展“两化”融合管理体系贯标对标，全市通过贯标认证企业115家，完成对标企业2000余家。实施关键岗位“机器换人”行动，累计推广应用机器人5000余台，60个项目入选河南省“机器换人”示范应用，57家企业的122个产品被列为河南省首台（套）重大技术装备。

实施生产线智能化改造行动。筛选110家市级智能制造示范企业，累计建设智能化示范生产线178条。中航锂电实施高性能车用锂电池及电源系统智能生产线项目，产品研制周期缩短50%、运营成本降低25%、生产效率提高20%。

实施智能车间（工厂）建设行动。围绕电子信息、装备制造、新材料等优势产业，累计培育省级智能车间（工厂）79家。麦斯克电子投资2.4亿元建设智能工厂，生产效率提高25%、运营成本降低28%、单位产值能耗降低20%。

推进企业上云。深入开展企业上云行动，中国耐火材料工业大数据分析服务平台入选全国企业上云典型案例，洛阳上云上平台企业突破1.3万家。

（三）深化融合应用，打造智能转型“新模式”

推动工业互联网创新发展。持续完善“1+N”行业工业互联网平台体系，9家企业入选省级工业互联网平台，工业互联网标识解析二级节点注册量达1000万个、解析量达2000万次。加快5G建设。全市共建成开通5G基站9548个，实现中心城区5G网络连续覆盖、乡镇及农村热点地区5G网络全覆盖，拨付5G基站建设补助资金871.5万元。做好诊断服务。开展“智能化改造县区行”活动，邀请航天云网、华为等知名服务商进行专题推广，组织清洛基地、沃客科技等数字化转型服务商团队“入企诊断”，为200余家企业开展现场诊断服务，精准帮扶企业改造提质。推进服务型制造。鼓励企业由“卖产品”向“卖服务”转变，加快向产业链高端攀升。中信重工被评为国家级服务型制造示范企业，河南领聚、洛阳路通等10余家企业被评为省级服务型制造示范企业（平台）。

（四）坚持创新驱动，抢占智能转型“新高地”

一是打造智能制造专业园区。建设以机器人、智能成套装备、智能生产线等研发生产为主的“一基地两园区”。全市有机器人及智能装备企业200余家，形成了千亿级产业集群。中信重工成为全国最大的特种机器人生产企业。二是加强技术创新。坚持国家自主创新示范区和中国（河南）自由贸易试验区洛阳片区联动发展，引导企业加大科技创新力度，成功研发“超拖1号”无人驾驶拖拉机等一批国内领先、拥有自主知识产权的首台（套）重大技术装备，规上工业企业研发活动覆盖率高于全省10个百分点。三是加快创新平台建设。把伊滨科技城和“智慧岛”打造成创新发展“主引擎”，重塑实验室体系，抓好中试基地、产业研究院、科技产业社区建设，各类创新平台数量达到2389个，其中97个纳入“国家队”。四是培育创新人才队伍。依托青年友好型城市建设平台，完善“1+22”人才政策体系，引进两院院士、中原学者等48名，引进“河洛英才计划”团队35个。

（五）加强服务保障，巩固智能转型“硬支撑”

牢固树立“当好服务企业的店小二”理念，建立企业反映问题“列单、领单、办单、清单”制度，打通服务企业“最后一公里”。成立由市政府主要领导任组长的洛阳市制造强市建设领导小组，成立数字化转型工作专班，建立部门联动、上下互动的协调配合推进机制，统筹推进全市数字化转型工作。

严格落实市级领导分包、台账管理、联审联批、项目例会、巡回督导、考核奖惩等制度，年底对各项工作完成情况进行督查考核，确保全市制造业数字化转型战略高质量推进。强化金融支持。设立首期规模 100 亿元的洛阳市制造业高质量发展基金，支持产业数字化、数字产业化及数据价值化等领域重点项目。推出“科技贷”等金融产品，支持产业创新发展，累计为 153 家科技型企业提供贷款授信超 6.6 亿元，“科技创新券”累计兑现企业研发经费 1.46 亿元，撬动企业研发投入 21.5 亿元。优化营商环境。出台优化营商环境的实施意见、工作方案等一系列政策措施文件，打造全省领先、国内一流的营商环境新高地。梳理下放市级权限 334 项，“最多跑一次”实现率达 97.5%。在全省第三方营商环境评价中，洛阳多次居前两位，受到省委、省政府通报表扬。

三 洛阳深化制造业数字化转型面临的问题

（一）创新开放能力不足

目前，洛阳市大部分数字化转型服务商存在自主创新能力不足、专业层次不高等问题，核心软件技术研发能力弱，操作系统、中间件、数据库等基础软件研发领域存在空白，工业控制等工业软件研发能力偏弱。洛阳大部分智能制造服务商仅满足于帮助企业上信息化项目，其所使用的企业生产管理系统软件多为 SAP、用友、金蝶等品牌，自身缺乏核心技术研发能力。

（二）企业意识有待提高

部分制造业企业特别是中小企业对工业互联网建设的认识还存在不足，在规模、基础、技术等方面参差不齐。工业互联网建设涉及对企业生产流程、组织架构等的全方面改造，项目投资大、回报周期长，导致大部分民营中小企业缺少足够的能力和意愿进行数字化转型。

（三）信息化发展不均衡

实施数字化转型力度较大、效果较好的多为大中型企业、国有企业，大部分制造业中小微企业仍处于机械化向数字化、智能化过渡阶段，“两化”融合水平总体偏低，柔性制造、个性化定制等新模式应用不多，新一代信息技术作为“软装备”尚未引起足够重视。

四　洛阳加快制造业数字化转型的思路与对策

下一步，洛阳将深入贯彻产业发展“136”工作举措，以全力打造“智造强市”为主攻方向，发挥数字赋能对产业发展的助推作用，进一步提升制造业智能化、数字化水平，为“建强副中心、形成增长极”注入新的动能和活力。

（一）完善工作机制

1. 强化顶层设计

制定出台数字化转型实施方案，把握数字化转型工作重点，抓好数字基础设施建设，推动数字产业化和产业数字化，在制造业重点领域加大投入力度、扩大应用范围、补上短板弱项，建立完善市县两级联动工作机制，确保各项目标任务顺利完成。分批次、分阶段在制造业领域推行建立首席信息官（CIO）制度，重点在头雁企业、高成长性企业、国家“专精特新”企业推行设立首批首席信息官，逐步在年营业收入超亿元的规上工业企业全面设立首席信息官，建立职责清晰、协调有力、运转高效的首席信息官联络机制。

2. 分行业推进机制

鼓励各基础电信运营企业、数字化服务商，重点针对洛阳耐火材料、农机装备、光电元器件、新能源电池等十大产业集群制定数字化转型方案，分行业开展数字化转型工作。建立实施改造企业、数字化服务商和产业联盟参与的协同推进机制，形成工作合力。

（二）把握关键环节

围绕企业数字化转型重点环节，针对不同行业企业发展基础、阶段和水平差异，分类指导、精准施策。一是加快推进关键岗位“机器换人”。重点在农机、耐火材料、化工等劳动重复率高、生产环境差、安全风险高、工艺要求严的行业开展关键岗位“机器换人”，加快机器人及数控机床等智能装备推广应用。二是实施生产线智能化改造行动。以设备互联、数据互通为重点，在装备制造等离散型行业，加快建设柔性智能制造单元；在食品、建材等流程型行业，推行工艺数据自动采集，实现工艺流程在线控制和优化。三是实施智能车间（工厂）建设行动。深化5G、数字孪生、工业互联网等新一代信息技术与制造业融合，加快推进制造业企业实施更高层次“三大改造”。重点在装备制造、电子信息、新材料等优势明显的行业培育具有行业先进水平的智能制造试点示范。

（三）狠抓项目建设

树牢“项目为王”理念，坚持问题导向，推动生产环节智能化、产业基础高级化、产业链现代化。围绕106个重点实施的制造业数字化转型项目，紧紧抓住项目建设这个“牛鼻子”，进一步完善制造业数字化转型项目库、项目建设台账等制度，加强项目进度监测和跟踪服务，确保项目尽快建成、投产达效。

（四）建立生态体系

1. 推动工业互联网创新发展

以洛阳综合工业互联网平台及标识解析二级节点为载体，依托农机装备、矿山机械、有色金属、耐火材料等省级平台，打造工业互联网平台标杆。紧盯十大产业集群龙头企业，培育完善具有洛阳特色的“1+N”行业工业互联网平台体系；加快工业互联网标识解析二级节点应用，打造辐射中原城市群的洛阳工业互联网标识解析体系区域节点。

2. 加快实施企业上云

积极引进腾讯云、阿里云、华为云等企业落地或与洛阳企业合作，加快中部云基地二期、景安IDC二期等项目建设，推动洛阳有条件的互联网企业、制造业企业向云应用服务商转型，鼓励云服务商加大技术、资源和资金投入力度，为上云企业提供方便快捷、优质高效的服务。加强企业内部、上下游企业之间、跨领域生产设备与信息系统的互联互通，促进数据资源协同共享。

3. 大力培育新模式新业态

加大服务型制造示范企业（平台）培育力度，推动制造业企业由单一产品供应商向整体解决方案供应商转型。鼓励矿山机械、农用机械等装备制造企业将资源向高附加值、高端核心环节聚集。推动家具、制鞋、三彩等消费品行业实施个性化定制生产。加大工业设计人才、机构引进力度，支持有条件的生产制造、科技服务企业延伸价值链，搭建工业设计平台，促进工业设计与制造业深度融合。加快发展金融服务、人力资源服务等生产性服务业。

（五）做好服务支撑

1. 培育数字化服务商

积极引进航天云网、SAP 等国内外知名系统解决方案供应商在洛阳设立分支机构，提升智能制造技术支撑能力。鼓励支持优势制造业企业向产品价值链高端攀升，为客户提供产品全生命周期服务。

2. 开展入企诊断

组织洛阳市十大数字化转型服务商深入企业开展诊断服务，根据企业所处阶段和行业特点，制定个性化改造方案，解决企业在数字化转型过程中存在的“不敢转、不想转、不会转”等问题，推动企业提档进阶、完善提升。

3. 组织专项学习

采取“请进来”和“走出去”两种方式，借助科研院所、产业联盟等专业平台，定期邀请行业专家开办数字化转型专题讲座，组织企业到沿海发达地区及先进企业学习交流，帮助企业“一把手”破除传统思维、转变发展观念。组织召开全市数字化转型高峰论坛，邀请专家对企业数字化转型发展趋势、意义及路径等进行讲解，进一步提升企业认识水平，激发企业数字化转型积极性。

4. 做好综合服务

结合全市“万人助万企”活动，用足用好国家、省、市出台的一揽子惠企纾困政策，让政策更快捷、更通畅、更精准地惠及数字化转型企业；加大对民营中小企业的支持力度，聚焦企业反映的重点难点问题，建立完善更加有效的企业问题收集、梳理、交办、跟踪、评价机制，为企业实施数字化转型营造良好环境。

参考文献

《洛阳市制造业“三大改造”实施方案（2021—2025 年）》（洛政办〔2021〕33 号）。

《洛阳市数字化转型行动计划》（洛政办〔2021〕67 号）。

张纪、王茜茹：《洛阳制造业高质量发展研究——基于副中心城市建设背景》，《河南科技大学学报》（社会科学版）2020 年第 5 期。

《数字化转型助力洛阳重振辉煌》，《河南日报》2022 年 7 月 8 日。

B.14
开封制造业数字化转型研究报告*

苏德超　惠　莉　王　鹏　田　婉**

摘　要： 推进数字化转型是当前区域制造业高质量发展的战略举措。开封抓住河南实施数字化转型战略的历史机遇，坚定不移地以智能制造为主攻方向，加快制造业数字化转型进程，推动产业技术变革和优化升级，以“鼎新”带动“革故”，产业结构更加完善、企业转型积极性明显提升、行业示范突飞猛进，制造业在全市经济高质量发展中发挥了重要支撑作用。本报告总结可复制的经验，针对企业意识弱、产业基底薄、体系不完善等问题，提出相应的政策建议。

关键词： 制造业　数字化　智能化

一　开封制造业数字化转型发展态势

（一）总体发展思路逐渐清晰

近年来，开封市始终坚持实施智能制造引领工程，全面推动制造业数字化转型，深入贯彻落实《河南省智能制造和工业互联网发展三年行动计划（2018—2020年）》《河南省推动制造业高质量发展实施方案》和河

---

* 本文数据资料依据开封市工业和信息化局内部资料整理。

** 苏德超，开封市工业和信息化局局长；惠莉，开封市工业和信息化局副局长；王鹏，开封市工业和信息化局产业融合科科长；田婉，开封市工业和信息化局产业融合科四级主任科员。

南省数字化转型战略，先后发布了《开封市推动制造业高质量发展实施方案》《开封市落实省“十大战略”实施方案》等文件，推动制造业企业智能化改造，逐步引导企业开展全面的数字化转型，在推动企业转型升级过程中不断明确全市制造业发展的重点产业布局、重点方向、总体目标、主要任务及政策措施等。同时，开封抢抓郑开同城化、推动黄河流域生态保护和高质量发展以及“数字强省”等战略机遇，加快推进全市制造业自动化、数字化、网络化、智能化发展，目前制造业数字化转型工作取得了初步成效。

（二）试点示范项目突飞猛进

开封坚持制造立市战略，始终将制造业数字化转型作为“一把手”工程来抓，坚持示范引领、标杆突破、由点及面的工作路径，以省、市专项扶持资金为激励，着力打造开封市制造业企业典型示范。开封迪尔空分实业有限公司入选国家智能制造试点示范企业，8 家企业获评国家专精特新“小巨人”企业。培育建设省级“专精特新”企业 116 家，省级智能车间、智能工厂 50 个。2022 年初以来，开封实施省级（总投资 3000 万元以上）“新技改”项目 151 个，累计完成投资 295.09 亿元。充分利用市级高质量发展专项资金，对智能化改造、“机器换人”、企业上云等数字化转型项目进行政策性资金补贴，对获得省级相关示范荣誉的企业给予一次性奖励，2017~2021 年累计补贴资金近 1 亿元。

（三）关键领域实现一定突破

一是围绕制造业数字化转型，在新型基础设施建设、高端仪器仪表产业、智能传感器产业以及未来产业发展等方面取得了阶段性突破。全市累计建设开通 5G 基站 6086 个，已实现市县全覆盖、各乡镇和农村热点区域覆盖。二是以“一基地二园区三平台四体系”的建设思路，加快高端仪器仪表基地建设，编制《关于加快培育壮大仪器仪表产业研究报告》《关于加快培育壮大仪器仪表产业工作方案》等规划性文件，为全市高端仪器仪表产业发展提供方向引导。三是积极融入全市“一谷六园”城市布局，组织 11 家重点企业参加 2022 世界传感器大会，设立“开封馆”，对企业及产品、产业招商政策等进行宣传推介，取得优异成绩。四是开封汴东先进制造业开发区成功入选 2022 年省级未来产业先导区。

（四）开放合作取得积极成效

一是坚持“项目为王”的工作思路。坚持引项目、引企业、引资金与引人才相结合，滚动推进“三个一批”项目建设，积极支持本土制造业企业与国内外优秀企业合作，突出增量带动，实施精准招商。截至 2022 年上半年，共签约“三个一批”项目 114 个，总投资额 930.36 亿元。二是加快电子信息产业发展。2022 年 8 月，由市领导带队赴深圳参加豫粤电子信息产业对接会，推动电子信息产业发展；考察深圳怡亚通供应链股份有限公司、中国科学院深圳先进技术研究院、华侨城创意文化园、深圳市高新投集团有限公司，探讨合作意向。三是积极招引“头部企业”。成功引进奔腾（河南）智能制造有限公司、益海嘉里（开封）食品工业有限公司等企业。四是强化科技支撑。成立河南大学开封研究院、开封市科学院、郑开产学研创新基地等科研机构，为产业发展提供驱动引擎。五是充分利用数字媒体拓宽招商渠道。2022 年，开封市策划、制作《我为招商代言》系列招商推介短视频，市长李湘豫为开封奔跑代言，视频在河南卫视特别策划节目《出彩项目看河南》播出。六是打造数字生态。2022 年 8 月，开封市与河南移动签订战略合作协议联合推进数字化转型战略，全面推动开封数字化转型工作。

二　开封推动制造业数字化转型的做法与经验

2022 年，开封市全面贯彻省第十一次党代会精神，市委、市政府高度重视数字化转型战略的实施推进，将制造业数字化转型作为发展制造业的第一工程来抓，形成政府领导班子牵头、市直部门分工协作、各县区抢抓落实的上下联动工作机制，形成体系完善、创新驱动、项目建设、融合发展、开放招引的“五位一体”发展格局。

（一）坚持高位统筹，政策支撑体系不断完善

一是制定方案指导发展。依据省数字化转型战略任务部署，立足开封发展实际，制定《开封市落实省“数字化转型”战略实施方案》《开封市智能制造引领工程 2022 年实施方案》《开封市推动制造业高质量发展实施方案》《开封市加快 5G 产业发展三年行动计划（2020—2022 年）》等一系列制造业转型升级政策性指导文件。同时出台《开封市制造业高质量发展若干财政支持措施》《开封市培育壮大主导产业若干财政支持措施》《开封市支持“四个 50”企业发展若干政策》等支持制造业企业项目投资、人才引进、科技创新等各项工作的配套扶持政策，构建了完善的制造业数字化转型政策指导体系。二是完善工作协调机制。成立以市主要领导为组长的“制造立市”工作专班，同时推动成立“数字化转型”工作专班，针对各成员单位进行详细的任务分解，并形成“四个一”即“一项重点任务、一个牵头单位、一名责任领导、一个联络员”工作机制。三是注重日常督查激励。将制造业数字化转型各阶段工作纳入重点工作周交办工作制度，形成政府交办、督查跟踪、责任单位落实、月度通报的闭环工作机制。

（二）坚持创新驱动，制造业转型动力持续增强

一是支持企业技术创新，加快创新平台建设。开展全市研发平台摸底调查，对现有工作基础、设备、人才、成果等进行全方位梳理，建立数据库，精准培育省、市级工程技术研究中心。2022 年上半年，已有 23 家市级工程技术研究中心通过专家评审。二是成立省级中试基地。出台《开封市中试基地管理办法（试行）》，引导和规范开封市中试基地建设发展。围绕装备制造、新材料、农业等八大产业链，择优择重，按照“成熟一个，启动一个”的基本思路，分层次稳步推进中试基地建设。2022 年，开封平煤新型炭材料科技有限公司成功建设河南省碳基新材料中试基地，将加快碳材料领域技术集成和

熟化，促进科技成果就地转化，支撑引领产业发展。三是注重创新人才培育。2021 年，成功建设河南省炭素材料研究院士工作站，有助于加强企业科研平台建设，培养并聚集一批高素质技术带头人和技术骨干，促进产学研结合，提高自主创新能力和市场竞争力，增强开封平煤新型炭材料科技有限公司发展后劲。累计认定市级科技创新人才 175 人、市级创新型科技团队 155 个，其中 2022 年新认定市级科技创新人才 44 人、市级创新型科技团队 28 个。

（三）坚持融合发展，制造业新业态新模式不断涌现

一是加快开封市“5G+工业互联网平台”建设。强化产业链数字化转型升级的支撑作用，加强产业链协同发展，加强政府对工业经济运行的实时监测，为政府决策提供依据，目前“5G+工业互联网平台”已完成平台门户层各个功能建设。二是持续推进构建新一代信息技术与制造业融合发展新模式。加快推动 5G、大数据、人工智能等新一代信息技术在企业研发、生产、管理、服务等领域的深化应用，鼓励支持企业建设融合应用试点示范，全市已有 17 家企业获评省级服务型制造示范企业、6 家企业获评省级新一代信息技术融合应用示范企业，50 家企业成功培育省级智能车间（工厂）。2022 年，第五届“绽放杯”5G 应用征集大赛中，九泓化工的“新能源新工厂，新 5G 新未来”项目在能源专题赛中获得优秀奖，奇瑞汽车的“5G 数智未来，奇瑞一路捷途”项目在工业领域获得三等奖。三是深化制造业服务化改造。鼓励企业依托互联网或自建平台开展个性化定制、全生命周期管理、总集成总承包等服务，推进生产型制造向服务型制造转变，实现以产品为中心向以用户为中心转变，打造服务型制造新模式。开封仪表有限公司积极申报第四批国家级服务型制造示范，并作为省工信厅推选的 10 家企业之一向工信部推荐。开封累计有 15 家企业获评省级服务型制造示范企业，开封迪尔空分实业有限公司的“产品远程运维”服务场景入选工信部、国家发改委、财政部、国家市场监督管理总局联合发布的 2021 年度智能制造优秀场景名单。四是全面开展企业上云工作。面向中小微企业全面实施企业上云行动，加强企业上云上平台的政策宣传和落实。与移动、联通、电信等云服务

提供商进行深度对接，构建政府、企业、云服务商协同推进的工作格局。截至 2022 年上半年，全市累计上云企业达 6100 家。

（四）坚持项目支撑，制造业数字化投资力度持续加大

一是大力推进企业“机器换人”。鼓励企业全面实施“设备换芯”“机器换人”“生产换线”行动，2022 年，全市已入库“机器换人”项目 30 个，总投资 1.8 亿元。截至 2022 年上半年，全市 5 家企业获得省制造业高质量发展专项资金“机器换人”项目奖励，13 家企业获得市制造业高质量发展专项资金“机器换人”项目奖励，累计奖励资金 1291 万元。二是加速推进“新技改”。聚焦推动产品升级设备换代、推进企业智能化转型、提升企业可持续发展能力“三大改造”主线，全面激发企业数字化转型内生动力，全市制造业提质增效步伐明显加速。2022 年，入选省“新技改”项目库项目 173 个（动态管理），投资目标 150 亿元。三是积极推进重点项目建设。积极推进开封时代新能源科技有限公司投资建设全钒液流电池生产项目、奇瑞汽车河南有限公司“5G+智慧工厂”项目、奔腾激光等智能制造重点项目。

（五）坚持服务保障，企业转型势头更加迅猛

从企业数字化转型专家诊断指导、企业家培训、助企服务等多个方面推动企业数字化转型提质增效。一是开展诊断服务。每年邀请中机六院、中国移动上海产业研究院等数字化转型诊断服务机构赴企业指导，实现全产业链重点企业全覆盖。先后开展了企业上云、服务型制造、数字赋能制造业、“专精特新”等多场专题或综合企业培训会，举办腾讯数字峰会、数字文化大会等，帮助企业增强转型意识，为企业解读最新政策。二是开展企业家培训。弘扬企业家精神、激发企业创新活力、加强企业间合作，连续多年组织企业家赴青岛、重庆、厦门、深圳、西安、南京等智能制造先进地区开展实训，取得良好效果。三是强化企业服务。结合全市能力作风建设年和“万人助万企”活动，推动建立市级领导分包“四个 50”企业制度，扎实推进“万人助万企”与制造立市战略深度融合，深入开展“四项对接”“四下基

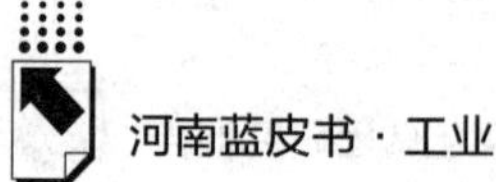

层”“八个深化”活动，强化“真服务、真保障、真求效”，工业经济运行与疫情防控实现高效统筹、双线运行。

三　开封深化制造业数字化转型面临的问题

（一）企业认知高度不够

当前，大多数企业对于数字化转型的认知还停留在部署信息化软硬件设备阶段。经过多年传统信息技术（如 ERP 等）的应用，“孤岛”纵横、基础数据不准等问题始终困扰着企业。与此同时，云计算、大数据、人工智能、物联网等新兴技术快速发展，新旧问题叠加让传统制造业企业理解、应用、掌握这些技术变得更加困难。部分企业及市场主体对数字化转型的认识仍停留在使用 5G、新软件等基础阶段，缺乏对企业管理、产品设计、解决方案、运维服务等环节协同发展的认识。

（二）转型发展基础薄弱

新冠肺炎疫情、贸易摩擦、经济危机、逆全球化浪潮抬头等因素使全球经济不确定性陡增。面对突如其来的各种不确定因素叠加，大多数传统制造业企业因缺乏原创性数字技术、关键装备、核心控制系统，受到一定的外部冲击，没有过多的资金用于数字化转型。虽然部分企业已经应用了诸多信息系统，但是“孤岛”纵横、基础数据不准确、编码体系不统一等问题依旧突出，加之企业缺乏良好的管理和认知基础，转型发展在一定程度上受到制约。

（三）支撑体系尚不健全

开封市企业基础薄弱、信息技术服务企业和专业人才团队缺乏等问题一直存在，物联网基础设施支撑能力、软件研发能力、系统解决方案供给能力和信息安全保障能力等基础支撑能力建设还有待进一步加强。企业数字化、智能化转型需要培养复合型人才，部分企业采取内部培养、优秀人才输入等多种方式构建数字化人才体系，导致成本负担较重，存在一定风险。同时，开封一直缺乏既能开发软件和互联网应用系统，又熟悉产业发展的服务公司或系统解决方案服务商。

四　开封加快制造业数字化转型的思路与对策

下一步，开封将深入贯彻落实全省数字化转型战略和全市“制造立市”战略，结合全市“622”先进制造业产业体系，大力实施智能制造引领工程，充分发挥数字技术对制造业发展的放大、叠加、倍增作用，进一步提升企业的数字化、智能化水平，推动全市制造业高质量发展。

（一）强化顶层设计，完善体制机制

一是落实落细现有规划。充分发挥全市数字化转型工作领导小组和市制造立市暨“万人助万企”工作专班的牵头作用，进一步加强全市制造业数字化转型工作组织领导，统筹全市制造业数字化发展重要政策、顶层设计、重点工程和资金安排等事项。围绕开封市“622”先进制造业产业体系，落实落细智能制造引领工程实施方案，抓好数字基础设施建设，分行业推进产业数字化和数字产业化。二是加强前沿领域谋划布局。深入研判高端仪器仪表产业发展趋势，结合省、市对产业的整体布局，积极争取重点项目、企业、园区落地开封，形成科学可行的规划指导方案。同时，注重大数据、元宇宙等前沿技术在制造业的应用推广，加强国内外优秀企业、技术与开封重点企业开展合作，逐步培育开封大数据产业和元宇宙产业。三是持续完善产业扶持政策。结合省、市制造业数字化转型的重点支持领域，加大对重大项目、园区建设和企业培育的支持力度，形成既与省政策相统一又突出开封产业发展特色的财政扶持政策。

（二）加强项目建设，持续扩大投资

一是加强项目监管。全面梳理开封“三个一批”项目和数字化转型重

点项目中的制造业数字化转型项目，每月定期召开项目调度会，针对各个项目列清单、找问题、出对策，倒排工期，加强建设力量，加大协调力度。借助“万人助万企”活动，设置项目“一对一”服务官，及时上报项目最新进展、需解决问题等。二是加强项目招引。结合开封产业需求，不定期到先进地市调研学习、对接洽谈，招引与开封经济发展相匹配的重点企业、项目，同时做好土地、财政、人力等各方面服务工作，形成“引进一个、带动一片、受惠一方”的良好局面。三是邀请专家指导。从全市重点建设项目入手，定期邀请国内外行业专家实地指导项目建设，促进校企合作、优秀企业合作等。

（三）打造示范标杆，带动产业转型

一是培育国家和省级示范企业。结合重点项目建设，积极鼓励指导企业申报国家、省级示范荣誉，打造行业示范标杆。分行业推进数字化转型，在汽车制造、空分制造、氢能和储能、高端仪器仪表等重点行业，依托5G、大数据、物联网、元宇宙等技术打造智能车间（工厂）、服务型制造及“专精特新”示范企业等，以标杆示范带动产业链上下游发展。二是学习先进示范。持续组织重点产业企业负责人赴先进地区和标杆企业考察，学习数字化转型优秀经验，开阔视野、更新观念、提升能力，引导鼓励企业实施智能化改造。推广龙头企业数字化转型优秀经验、发挥龙头企业引领作用，以典型示范带动行业转型发展，全面推动全市产业高质量发展。

（四）完善生态体系，营造良好氛围

一是加快建设工业互联网平台。加快建设“5G+工业互联网平台”，根据前期对接需求，督促承建方加快完善平台功能，做好与省综合工业互联网平台的对接融通，推动企业上云上平台。支持汽车制造行业、化工行业、仪器仪表行业龙头企业牵头建设细分行业工业互联网平台，持续支持开封炭素炭材料行业工业互联平台建设。二是开展政策宣贯活动。分阶段、分县区开展数字化转型宣贯培训活动，指导和帮助企业用足、用好、用活各项数字化

转型扶持政策。邀请优秀数字化转型解决方案提供商为开封市重点行业企业开展培训，推动企业与其合作实施数字化转型。三是加大人才引进支持力度。大力实施开封市“东京英才计划”，将数字经济人才（团队）纳入全市人才工作重点和急需紧缺人才引进目录。鼓励河南大学、开封大学等高校及职业学校强化数字经济相关学科布局，提升学生数字素养。支持企业与高校联合建设数字技术人才实训基地和创新学院，大力培养云计算、大数据、物联网、人工智能及元宇宙等方面人才。四是探索开展专家团队顾问制技术服务。联合省内外优秀数字化转型解决方案提供商、高校、科研技术团队等，成立开封产业数字化服务专家库，分批次、分产业、分领域深入企业开展“一对一”技术服务。

参考文献

《开封市推动制造业高质量发展实施方案》（汴政办〔2020〕63 号）。

《开封市国民经济和社会发展第十四个五年规划和二〇三五年远景目标纲要》（汴政〔2021〕46 号）。

《2022 年制造立市（万人助万企）工作实施方案》。

B.15

新乡制造业数字化转型研究报告*

杜家武　宋光旭　张苏芳　毛怡轩**

摘　要：　当前，新一轮科技革命和产业变革在全球范围内兴起，制造业数字化转型成为各地增强竞争力、培育新动能的重要抓手。新乡市扎根全市产业特色，将制造业数字化转型作为引领性、战略性工程，围绕顶层设计、示范带动、要素保障、服务供给、对外合作、宣传培训等打出一套数字赋能“组合拳”。本报告梳理新乡市制造业数字化转型的经验举措，针对数据挖掘浅、产业支撑弱、数字素养低、人才聚集少等问题，提出相关建议，继续发力以信息化带动新乡制造业高质量发展。

关键词：　制造业　高质量发展　数字化　新乡

数字化转型成为区域重塑制造业竞争力的关键抓手，新乡抢抓河南数字化战略实施机遇，加快推进制造模式、创新范式、企业形态、业务模式的全方位变革，重构制造体系和服务体系，促进产业链、供应链高效协同，催生新模式新业态，为新乡制造业高质量发展注入新动力。

---

* 本文数据资料依据新乡市工业和信息化局内部资料整理。

** 杜家武，新乡市工业和信息化局党组书记，二级巡视员；宋光旭，新乡市工业和信息化局党组副书记，局长；张苏芳，新乡市工业和信息化局四级调研员；毛怡轩，新乡市工业和信息化局数字化与未来产业科一级科员。

一　新乡制造业数字化转型发展态势

（一）新乡市制造业基本情况

新乡拥有国民经济 41 个行业大类中的 35 个，工业规模居河南省前列。新乡工业门类比较齐全，产业基础较好，形成了装备制造、食品制造、轻纺、化工、建材五大传统支柱产业，以及电池及新能源、生物与新医药、节能环保、新一代信息技术四大战略性新兴产业，正在超前布局基因工程、氢能与储能两大未来产业。2021 年，新乡规模以上工业企业达 1517 家，规模以上制造业增加值约为 989.59 亿元，同比增长 9.5%，占地区生产总值的 30.6%。制造业税收入库 81.9 亿元，同比增长 5.6%，拉动全市税收增速提高 1.7 个百分点。高技术产业增加值同比增长 23.7%，占全市工业增加值总量的 14.4%。先进制造业专业园区实现营业收入 821.9 亿元，同比增长 16.2%。

（二）转型基础不断夯实

新乡市以智能制造为主攻方向，不断夯实转型基础，持续拓展转型范围，转型升级提质增效明显，为打造国家先进制造业基地助力赋能。

一是信息基础设施水平进入全省前列。5G 等新型网络基础设施保持领先优势，实现 5G 网络乡镇以上及农村热点区域全覆盖，率先在全省完成全域小区千兆光网接入服务，固定宽带也已具备千兆接入能力，成为全省符合工信部千兆城市技术指标要求的 3 个地市之一。华为新乡云计算数据中心、河南鲲鹏云计算数据中心、联通（新乡）大数据算力网络中心、中国电信天翼云中部基地等一批云数据中心先后建成，进一步增强数据传输、计算、存储等能力。

二是工业互联网平台建设分路突破。河南数智谷科技集团工业互联网标识解析（新乡）二级节点实现与国家顶级节点的连接，注册量达 2.8 万个、解析量达 41.2 万次。卫华集团有限公司建成“起重物流装备行业工业互联网平台”，为行业上下游企业提供设备物联系统解决方案。河南中誉鼎力智能装备有限公司研发设计了成套智能矿山管理系统（含矿山管家 App、矿山易购 App），面向矿山开采行业提供高效管理砂石骨料产品、设备、系统和服务。

（三）转型范围不断拓展

新乡市加快制造业数字化转型升级，走出了一条从“机器换人”“生产换线”到“智能车间”“智能工厂”，从单个企业到产业链上下游企业再到园区协同的智能制造之路。截至 2021 年底，重点行业骨干企业数字化研发设计工具普及率达到 77%，生产设备数字化率达到 49.8%，关键工序数控化率达到 51%。

一是从龙头企业向中小微企业拓展。数字化转型从新乡化纤、心连心化工、豫北转向系统、银金达彩印等行业龙头企业向中小微企业扩展。调研显示，全市 57.19%的规上工业企业计划新增或改造自动化生产线，30.96%的企业计划实施关键岗位“机器换人”，17.38%的企业计划建设智能车间，17.38%的企业计划开展大数据分析应用。企业上云上平台积极性提升，截至 2022 年 6 月底，新乡市有实现上云上平台企业 8045 家。

二是从系统建设向模式创新拓展。新乡市制造业数字化转型内生动力、创新能力不断增强，从单一的信息化系统建设逐步拓展到平台化设计、智能化制造、个性化定制、网络化协同、服务化延伸、数字化管理等新一代信息技术新模式创新。豫北转向系统入选 2021 年国家新一代信息技术与制造业融合发展试点示范名单，10 家企业入选 2022 年河南省级制造业高质量发展专项资金新一代信息技术融合应用新模式项目名单。

三是从单个企业向产业链上下游拓展。长垣经济技术开发区入选河南省数字化转型示范区，心连心化工、卫华起重、中誉鼎力、泰隆电力等行业龙头企业将系统平台向产业链上下游延伸。心连心化工作为河南省智能制造标杆企业，是国内知名的氮肥生产企业，其通过网络平台连接权威专家、土专家、农艺师等资源，为农民提供全方位、全天候的免费农技服务，为传统农业向智慧农业发展贡献力量，大大提高了自身全产业链竞争力。

（四）转型效果不断显现

新乡市制造业企业以数据驱动生产流程再造，数字化转型正向赋能作用显著。2022 年 1~8 月，全市规上工业企业增加值同比增长 7.8%，高于全省平均水平 2.1 个百分点，居全省第 3 位；营业收入同比增长 16%，高于全省平均水平 6.4 个百分点，居全省第 3 位；应收账款平均回收期 57 天，较上年同期减少 0.5 天；产成品存货周转天数 16.8 天，较上年同期减少 1.1 天。截至 2022 年，全市共有国家专精特新重点“小巨人”企业 10 家、国家专精特新“小巨人”企业 55 家、省级“专精特新”企业 256 家，数量均居全省第 2 位。

调研显示，企业在数字化、智能化转型后，生产效率平均提升 37.6%，运营成本平均降低 21.2%，能源利用率提升 0.15~1.25 倍不等。新乡化纤氨纶智能化生产线产品运营成本降低 27.59%；艾迪威汽车装配线生产效率提升 50%，单位产值能耗降低 22.46%；拓新药业医药中间体产品综合成本下降 10%以上；泰隆电力运用“互联网+配电监测智能运维服务”后，远程诊断准确率升至 97.5%；东风鑫达通过建设数字化远程检测系统，服务化收入增长 105.16%；威猛振动新模式项目实现客户满意度升至 98%；豫新汽车热管理三维数模设计效率提升 30%，工艺文件编制效率提升 40%；日升数控产品研制周期缩短 50%，产品不良率降低 50%，能源利用率提高 40%。

二　新乡推动制造业数字化转型的做法与经验

（一）顶层设计统筹转型升级

出台《新乡市实施数字化转型战略工作方案》《新乡市数字化转型战略 2022 年工作方案》《2022 年新乡市水泥行业数字化转型工作方案》《“十四五”电子信息产业发展指导规划》，成立由市委主要领导担任组长的新乡市实施“十大战略”工作领导小组，下设数字化转型战略工作专班，由分管市领导担任组长，统筹协调重大问题，研究部署重点工作，督促落实重要事项。建立联络员制度，编制工作台账，定期上报进度，对标对表，合力推进。与“能力作风建设年活动”、市委市政府中心工作结合，成立数字化转型专项督查组，督促各相关单位落实专人专责，推动落实数字化转型重点工作。出台《关于支持制造业高质量发展若干财政政策的意见》《新乡市重点产业细分领域支持政策》等一系列财政支持政策，推动数字化转型战略全面实施。

（二）示范引领深化转型升级

充分发挥试点示范的引领带动作用，在智能车间（工厂）、新一代信息技术融合应用、大数据产业发展等领域树标杆、立典型，以点带面推动对标行业一流提升行动取得更大成效，促进企业不断强化“两化”融合管理体系和数字化能力建设。2022 年以来，新乡市新科起重机等 3 家企业入选 2022 年省级大数据产业发展试点示范项目，矿山起重机、瑞歌传动机械等 5 家企业成功入选第一批数据管理能力成熟度模型（DCMM）贯标试点企业，卫华起重、心连心化工、豫北转向系统 3 家企业成功入选大数据优秀应用案例，河南师范大学、卫华重型机械、万新电气等 6 家单位的 7 个平台入选大数据发展创新平台，银金达彩印、瑞丰新材料等 7 家企业入选 2022 年省级服务型制造示范企业，这些试点示范在数量上居全省第 2 位；驼人医疗、中誉鼎力智能装备、科隆新能源、艾迪威汽车、纽科伦起重机等 18 家企业入选 2022 年度智能车间（工厂），数量居全省第 3 位。截至 2022 年 9 月，新乡市已有省内首台（套）重大技术装备认定产品 129 台（套），省级“机器换人”示范项目 55 个，省级智能车间 59 个、智能工厂 25 个。

（三）要素保障服务转型升级

新乡市集中土地、基金、金融、基础设施等政府可控资源，优先支持数字化转型项目。目前，已建立豫新高质量发展基金、平原产业转型发展基金等9支基金，总规模约10亿元，先后投资支持科隆集团、银金达新材料、威猛振动等企业实施智能制造项目。依托“万人助万企”活动，借助河南省智能制造联盟、豫信电科、中机六院等省级数字化转型支撑企业，组建专家团队为新乡市企业开展数字化诊断，对工业互联网平台建设进行指导，利用“5·16企业家活动日”宣讲惠企政策，采用“走出去、请进来”的方式对企业家进行培训，不断提升其数字化转型能力。

（四）服务供给支撑转型升级

新乡市引进和培育一批针对产业、熟悉制造业企业需求的服务平台（商），为全市制造业企业提供转型咨询、诊断评估、设备改造、软件应用等一揽子数字化服务，为企业数字化转型提供强有力支撑。推动新乡移动、新乡联通、新乡电信等电信运营商向政企客户数字化转型业务拓展、倾斜，为政府信息化、制造业数字化等领域提供一揽子系统解决方案，助推数字政府建设、产业数字化转型升级。培育壮大新乡市本地数字化转型服务商，积极推动本地服务商加入河南省元宇宙协会、新乡市工业互联网联盟等，促进数字化转型工作对外合作，指导本地企业信息化项目建设，拓展服务业务覆盖行业、覆盖区域。

（五）对外合作促进转型升级

加强与国内外一流科研机构、高校和龙头企业合作交流，推动技术转移中心、联合实验室和产业化基地等平台建设。积极申办数字化转型重要会议、展会、论坛等活动，分行业组织数字化转型专题活动，推动技术创新、产业发展、应用推广、案例分享。新乡市先后与中国信通院、中国通信学会签订战略合作框架协议，举办智能传感器大赛等活动，推动全市数字核心产业快速发展。与阿里、京东、腾讯、华为等国内知名互联网企业开展合作，邀请中机六院、豫信电科等机构专家来新指导、深入企业诊断调研，促进制造业企业数字化转型。

（六）创新载体协同转型升级

数字技术创新促进数字化转型协同创新体系变革。通过数字技术构建的数字化、网络化和智能化创新平台，实现大协同、大分工、大合作，转型创新活力进一步迸发。新乡市统筹中国电波科技城、大数据产业园、“双创”基地建设，探索“研发基地+科创及数智企业+创新金融”建设模式，推进“数智谷”建设。先后在高新区、经开区建立数字化转型促进中心，全力打造数字化转型综合服务平台，为经济实体数字化转型提供咨询、规划、政策、技术、资金等全方位服务。成立数智谷科技集团，围绕标识解析二级节点建设、应用，推动工业互联网建设。

（七）宣传培训助力转型升级

全方位推动“万人助万企”活动常态化，推动助企服务走向纵深，持续完善服务机制，创新开发供应链管理平台、“一码惠企”服务平台，积极推动“一件事一次办”，全力打造数智化营商环境，强化保畅保供，企业获得感明显增强。同时，不断创新政策宣讲模式，采用“线上+线下”等方式，最大限度减少疫情对全市企业培训工作的影响，帮助企业家开拓视野、更新观念，加快制造业数字化转型步伐。推广优秀企业试点示范的先进解决方案和应用场景，通过微信专刊、《新乡日报》、电视台等多种渠道进行宣传，发挥优秀企业示范引领作用，以典型带一般、一般企业对标先进，扩大试点示范的影响范围，促进全市企业数字化水平整体提高。

三　新乡深化制造业数字化转型面临的问题

（一）核心产业支撑不足

新乡市新一代信息技术产业起步晚，目前规模以上企业仅有 19 家，总体产业规模偏小。数字经济依赖龙头企业拉动，但由于新乡市底子薄，现有数字产业龙头企业无法带动形成一批量大面广的中小企业。平台及第三方服务供给不足，本地缺乏有能力承担战略咨询、数字化架构设计、数据运营等总承包业务的数字化转型服务商。

（二）数据价值体现不足

从政务系统到产业数字化，新乡市均表现出信息化系统横向集成度低的问题，覆盖全流程、全产业链、全生命周期的数据链尚未构建，数据“孤岛”较多，数据利用率低，数据资源尚未变成数据资产，缺少统筹推进全市大数据产业发展的抓手。比如在历史数据中，消除“数据雾霾”、挖掘数据新价值是新乡市实施数字化转型战略面临的重要挑战。

（三）服务供给能力不足

新乡市中小微企业在数字化转型中普遍面临“转型是找死，不转是等死”的困境。产业链上中下游企业数字化转型协同不够，企业自己摸索存在投入高、周期长、收益慢等问题，规模效应和产业链协同效应难以形成，导致“不会转、不能转、不敢转”的问题普遍存在。新乡市制造业门类齐全，拥有 35 个行业大类，行业覆盖面较广，当前的数字化转型服务商无法覆盖全市所有行业，服务供给能力不足导致数字化转型战略无法深入实施。

（四）数字人才培养不足

虽然新乡市数字化和制造业融合发展势头良好，但相关学科人才队伍建设仍显不足。新乡市对高端数字人才及复合型人才吸引力不够，高学历、高职称数字人才来新创业意愿不强，需要创新人才引进政策和用人机制，增强对人才特别是高端人才的吸引力。

（五）数字素养亟待提升

数字素养是在工作、学习、生活中，自信、批判和创新地使用信息技术的能力，是企业适应数字经济的重要能力。但是，企业欠缺对数字化转型的理解和适应能力。数字化转型是“一把手工程”，企业一把手对数字化带来的效率提升、成本降低缺乏认知，对数字化带来的流程再造和组织重塑准备不足；企业员工数据洞察能力及相关技能不够，不能利用现有平台充分发挥数据价值，平台应用能力受限，数字化转型效果不能充分体现。

四　新乡加快制造业数字化转型的思路与对策

（一）整体思路

以习近平新时代中国特色社会主义思想为指导，全面贯彻党的十九大和十九届历次全会精神，按照省委锚定“两个确保”、实施“十大战略”的总体思路和要求，立足新发展阶段、贯彻新发展理念、构建新发展格局，聚焦“542”产业体系，以新一代信息技术与制造业深度融合为主线，以工业互联网平台赋能体系为支撑，以大企业数字化转型向高层级跃进、中小企业数字化转型关键环节上云上平台、园区和产业集聚区平台支撑、产业链供应链协同为切入点，不断壮大数字核心产业、挖掘数据价值、完善工业互联网平台、促进新一代信息技术融合应用、实施智能制造引领、优化转型生态、深入推进制造业数字化转型和高质量发展，为建设先进制造业强市、数字新乡提供有力支撑。

到 2025 年，力争建设 80 个具有行业先进水平的智能车间、智能工厂、智能制造标杆企业和 8 个工业互联网平台，培育 50 个新一代信息技术融合应用新模式项目。

（二）对策

1. 推动核心产业快速壮大

推动数智谷建设，打造科技创新高地、人才聚集高地与数字产业聚集区。围绕数据应用和软件研发，吸引国内外大数据企业、数字化转型服务商等软件企业落户新乡。围绕新乡产业特色，加快新乡市微电子中试基地建设，实现红外、热电堆、压力传感器等专用传感器的创新研发和产业化。瞄准芯片设计、封装测试、集成电路加工等领域，推进芯睿电子芯片设计、研发、生产，建成“集成电路研发设计—芯片制造—封装测试—芯片产品及应用”产业链。坚持“硬件+软件”协同发展，提升工业软件发展水平，拓展 5G 技术应用场景。

2. 建立数据价值流通体系

加快推进产业数字化、数字产业化、数字治理，加大省级和垂直部门回流数据协调力度，提升数据共享水平。强化工业互联网平台功能，促进企业内部及企业间数据流动，为企业提升市场竞争力提供数据支撑。围绕新乡市大数据产业园建设，以海量工业数据为支撑，立足数据应用全流程，深化工业数据应用，激活数据要素潜能，促进工业数据价值提升。积极探索河南省数据价值化试点建设，开展数据确权、定价、交易试点。

3. 工业互联网平台建设

推动数智谷科技集团工业互联网标识解析二级节点建设与应用推广，鼓励有条件的骨干企业建设行业二级节点。推动心连心化工、泰隆电力、中誉鼎力等加快细分行业工业互联网平台建设，打造以平台为核心的生态圈，推动制造资源集聚、共享和开放。推进工业互联网软件、工业 App、工业机理模型和微服务组件研发应用，培育一批面向特定行业、特定场景的工业 App，推动工业 App 向平台汇集，探索基于平台的交易和服务机制。

4. 促进新一代信息技术融合应用

围绕平台化设计、智能化制造、网络化协同、个性化定制、服务化延伸、数字化管理等领域，加大新一代信息技术融合应用新模式项目培育力度，鼓励企业在生产方式、企业形态、商业模式等方面探索变革，促进新一代信息技术与制造业深度融合，不断孕育适应数字经济发展的新模式新业态。

5. 持续开展智能制造引领

针对不同行业的发展特点和需求，分行业开展智能制造诊断调研、培训、咨询等一系列服务活动，支持企业从研发设计、生产制造、经营管理、售后服务、供应链协同等角度切入实施数字化项目，推动企业沿着自动化、数字化、网络化、智能化方向快速转型，真正解决企业生产经营中的难点、痛点问题，打通堵点，实现降本增效提质，增强企业市场竞争力。

6. 构建服务平台优化供给

大力引进和培育数字化服务商，鼓励有条件的本地信息服务企业深耕细作，逐步转变为解决方案供应商；支持龙头企业信息化部门从母体剥离，转型为数字化转型方案提供商，向本行业输出可复制的数字化转型方案；鼓励本地数字化转型服务商加大与知名数字化转型服务商合作力度，为知名数字化转型服务商落地提供便利，多措并举提升新乡市数字化服务供给能力。

7. 加大数字人才培育力度

聚焦数字化转型重点领域人才需求和数字经济高质量发展需要，以《新乡市重点企业引入人才工作方案》《新乡市引进人才留新创新创业若干政策》等政策文件为支撑，为人才留新、人才强新提供有力保障。依托“高校院所河南科技成果博览会”“中国·河南招才引智创新发展大会”“数智谷双创基地”等引智平台，构建宽领域、多层次的引智格局。指导新乡学院产教融合实训中心项目，推动应用型本科高校面向经济社会发展需求推进产教融合实训基地建设，创新人才培养模式，优化人才培养体系。

8. 营造转型氛围强化宣传

实施分层次、多形式、针对性强的培训，帮助企业提升数字化转型动力、信心和能力，克服“不想转、不敢转、不会转”的问题。加强全民数字技能教育与培训，普遍提升公民数字素养，不断增强公民数字社会适应能力，打造数字经济新优势。加大数字化转型宣传、培训力度，通过多种形式、多个宣传渠道开展数字化转型宣传，针对企业家、机关干部等开展分层次、多形式的培训，提升机关干部数字化素养，帮助企业家提升数字化转型动力、信心和能力。

参考文献

《新乡市产融合作试点工作推进方案》（新政办〔2022〕1号）。

《新乡市平台经济健康发展实施方案》（新政办〔2022〕63号）。

《新乡市“十四五”制造业高质量发展规划》（新政〔2022〕12号）。

新乡市工业和信息化局：《全面推进数字化转型战略　建设数字新乡》，《新乡日报》2022年6月30日。

B.16
商丘制造业数字化转型研究报告

朱学锋　程殿卫　曹　杰*

摘　要： 伴随数字经济的快速演进，推动数字化转型成为驱动制造业提质升级、加强区域核心竞争力的重要举措。当前，商丘市坚持把制造业高质量发展作为主攻方向，着力推动制造业"两化"深度融合，加强基础设施建设，在提升制造业数字化水平方面取得了一定成效、积累了一定经验，但由于基底薄、起步晚、技术弱、应用少，商丘市直面制造业转型难点。建议聚焦基础设施、核心产业、融合应用、数治能力、数字生态、人才培养等领域，将数字化转型措施落实落细。

关键词： 数字化转型　制造业　商丘

近年来，商丘市深入贯彻落实数字化转型战略部署，抢抓新一轮科技产业革命机遇，把推动数字化转型作为引领性、战略性工程，统筹推进产业数字化、数字产业化和数据价值化，打造全省产业数字化转型示范区，制造业数字化转型迎来加速期。

一　制造业数字化转型发展态势

（一）制造业数字化转型全面展开

商丘市大力实施智能制造引领工程，加快推动新一代信息技术在企业研

* 朱学锋，商丘市工业和信息化局副局长；程殿卫，商丘市工业和信息化局总经济师；曹杰，商丘市工业和信息化局数字化与未来产业科科长。

发、生产、管理、服务等领域的深化应用。新一代信息技术与实体经济加速融合，成为推动产业数字化转型的重要方式。一是积极创建试点示范。累计创建省级智能车间（工厂）43 个，2022 年创建省级智能车间（工厂）16 个，占全省认定总数的 8.6%，数量居全省第 4 位。累计创建省级新一代信息技术融合应用新模式示范项目 3 个，认定市级智能车间（工厂）133 个。二是扎实开展“上云用数赋智”。支持企业从云上获取数据资源和应用服务，推动数字化工具普及应用，推动企业生产制造、经营管理、运维服务等关键环节广泛用云，2022 年 1~9 月，商丘新增上云企业 1515 家，上云企业累计达到 9204 家，数量居全省第 5 位；三是持续推进“两化”融合管理体系建设。推动企业开展“两化”融合管理体系贯标对标，持续跟踪监测“两化”融合发展水平及关键指标，组织各县（市、区）开展企业“两化”融合评估诊断和对标引导工作。截至 2022 年第三季度，商丘市有“两化”融合管理体系对标企业 683 家、贯标企业 36 家，获得评定证书企业 20 家。四是深入拓展 5G 应用场景。推进 5G 与云计算、大数据、物联网、人工智能、智能传感等技术融合，加快钢铁、化工、制冷、制鞋、食品等领域 5G 示范应用，打造一批 5G 工业应用场景示范。2022 年，51 个项目入选省 5G 项目库，投资金额达到 17.77 亿元，项目个数、投资额度均居全省第 1 位。五是实施工业互联网平台培育行动。重点建设制鞋、制冷、五金工量具等优势产业集群平台。加快推进制鞋机器人智能线应用，积极筹划打造睢县“蟹立方”工业互联网平台，加快推进睢县从“中原鞋都”迈向“中国鞋都”。乔治白服饰被认定为省智能制造标杆企业，夏邑恒天永安新织造被省工信厅认定为 2022 年河南省服务型制造示范企业。

（二）数字基础设施建设不断加快

全市网络基础设施全省领先，计算基础设施加快布局，为实施数字化转型提供有力支撑。一是网络基础设施覆盖率大幅提升。截至 2022 年 10 月 8 日，全市累计建设 5G 基站 7484 个，5G 网络实现乡镇以上和农村热点区域全覆盖，5G 终端用户达到 345.4 万户，5G 用户占比达到 44.4%，居全省第

3位。“全光网城市”全面升级，千兆光网实现乡镇以上全覆盖，全市城域网出口带宽达到8680G，互联网宽带接入用户达到272.3万户，1000M以上宽带用户占比达到16.53%。二是区域性数据中心集群初具规模。建成商丘市大数据中心、商丘移动大数据云计算中心、商丘联通核心网数据云仓、商丘电信边缘云节点4个大型数据中心，安装服务器机架558架。

（三）数字产业化规模快速壮大

商丘市在大数据存储、产业电商、云计算服务、大数据应用、人工智能、数字内容与消费、共享经济等领域快速壮大。2021年，全市规模以上电子信息制造业增加值增速达到6.8%，高于工业增加值增速3.1个百分点；全市新一代信息技术产业规模达257亿元，培育电子信息、智能化装备等数字化产业高新技术企业53家，建成与数字化产业相关的信息技术服务、人工智能、电子信息等领域省级工程技术研究中心43家。商丘市在高端集成电路、智能传感器、智能耦合器、光电半导体元器件、新型显示、智能终端等领域具有一定的生产基础，目前产业规模在160亿元左右，拥有相关企业62家，其中重点企业30家，初步形成了睢县智能终端基地、示范区高端集成电路基地、宁陵新型线束基地、民权智能传感基地等产业集群。新签约落地的梁园区集美数智产业园等项目正在稳步推进。目前，全市有各类软件研发企业22家，2021年实现软件业务收入1.19亿元，全市软件和信息技术服务业实现营业收入3.28亿元。中分仪器、睿控仪器仪表、利盈环保、顺宇医疗等企业在电力系统监测、井下测控装备、医疗设备嵌入式传感器、塑编行业管理等细分行业形成了特色优势。

（四）数字核心产业突破提升

全面推进电子核心产业、新兴数字产业、数据服务产业取得新突破。一是重点围绕手机精密机构件、电脑配件、集成电路板、关键模组等配套产品，着力推进中国电子集团商丘电子信息产业园、睢县电子信息产业园、梁园区集美数智产业园、民权永耀缘成科技光电产业园等电子信息产业园区建设，积极打造全省5G智能终端配套协作区。2021年，全市新一代信息技术产业主营业务收入达到257亿元，其中信息传输、软件和信息技术服务业收入达到60.5亿元。民权永耀缘成电子自主研发了新型光电耦合器、光电半导体组件、光电传感器，核心产品订单初具规模。二是培育壮大新兴数字产业，中分仪器全自动色谱样品前处理装置、睿控仪器仪表智能钻井井下测控装备模拟监测、利盈微波消毒专用车智能管理、顺宇医疗设备嵌入式压力传感、晴赢塑编行业管理等均在软件细分行业内形成了自己的特色优势。三是加快发展数据服务产业，研究制定大数据产业发展行动计划，建立重点项目、企业、园区“三清单”，引导市发投大数据科技有限公司参投郑州数据交易中心，探索数据要素市场培育。2022年，商丘师范学院农业遥感大数据发展创新实验室成功创建“河南省大数据发展创新实验室”，信息技术学院成功创建“河南省大数据创新人才培训基地”。四是加快推进未来产业发展，积极组织商丘经济技术开发区碳基新材料产业、梁园区生命健康产业等申报省级未来产业先导区。2022年9月，省工信厅印发了《关于公布2022年省级未来产业先导区名单的通知》，商丘经济技术开发区被认定为省级前沿新材料未来产业先导区。

（五）产业数字化发展水平持续提升

通过制造业数字化转型，带动农业、服务业数字化应用，永城市、夏邑县、虞城县成功入选全省数字乡村示范县；柘城县辣椒国家数字农业试点项目顺利落地建设；率先在全省推进博物馆数字化改造提升工程。全市涌现一批电商小镇、淘宝镇、淘宝村和农产品电商带头人。淘宝镇夏邑县何营乡网上实名注册店铺5000余家，电商产业链就业人员3000多人，日均发往全国各地快递达7万件，年网络销售额突破5亿元。全市行政村益农信息社覆盖率达到80%，农业数字化设施加快部署，建成一批种植、设施园艺等物联网示范基地，初步建立商丘农业物联网应用云平台。数字政府基础框架初步形成。积极推动“一网通办”，全市2160项政务服务事项实现“网上可办”，“一网通办”率达到99.9%。推行“一次办妥”，最大限度扩大“最多跑一次”覆盖面，“最多跑一次”覆盖率达98.9%，完成市、县、乡以及市区社区电子政务网络覆盖任务。推动基层在线服务平台建设，在全省率先完成“豫事办”分厅建设，上架事项379项，上架事项月使用率100%。

二 推动制造业数字化转型的经验举措

（一）加大政策支持引领力度

牢固树立数字化转型战略全局观，印发《商丘市实施数字化转型战略工作方案》，明确统筹推进产业数字化、数字产业化，加快构建新型数字基础设施体系，全面提升数字化治理能力，持续优化数字生态，全方位打造数字强市。梳理形成重点任务、重点项目、重点企业和重点园区4个清单，为数字化转型战略推进实施、指导服务提供重要支撑。

（二）细化目标任务

2022年5月17日，出台《商丘市数字化转型战略2022年工作方案》，对工作方案进一步深化、实化、具体化，初步形成横向协同、纵向联动的推进机制。

制定出台《商丘市2022年推进5G网络建设和产业发展实施方案》《2022年信息通信业推进乡村振兴工作方案》等政策文件，形成信息化发展合力。

（三）强化财政奖补支持

统筹运用市制造业高质量发展专项资金，对国家、省相关试点示范以及省级新一代信息技术融合应用新模式项目、智能车间（工厂）等给予定额奖励，对首版次软件产品给予销售奖励和保费补贴。对于采用独立组网模式建设的5G基站，除落实省、市级财政按照1∶1比例建成1个给予5000元奖励外，基站所在地县（市、区）级财政再给予1000元奖励。2022年，商丘市争取新一代信息技术融合应用新模式项目等省级制造业奖励（补助）资金 7515 万元；2020 年、2021 年共争取市、县两级 5G 网络新建和改造独立组网 5G 基站奖励资金 1804. 95 万元。

（四）优化制造业数字化转型生态

积极培育新一代信息技术融合应用新模式项目，开展新一代信息技术融合应用诊断服务活动，诊断服务企业 45 家。重点围绕平台化设计、智能化生产、网络化协同、个性化定制、服务化延伸、数字化管理等领域，培育新一代信息技术融合应用新模式项目，培育服务型制造企业（平台）。

（五）做好工业控制系统安全防护

持续推进全市工业控制系统信息安全保障体系建设，提高工控安全防护和应急处置能力。依据《河南省工业控制系统信息安全测评工作指南》，按照省工信厅统一部署，商丘连续 6 年委托省认定的具有专业资质的技术支撑单位开展工业控制系统安全检查工作。通过调查访谈、扫描测试、工具检测等多种手段和方式，检查企业安全软件选择与管理、边界安全防护、身份认证、远程访问、安全监测和应急预案演练、数据安全等 11 个方面的 137 项内容。截至 2022 年 9 月，累计检查重点企业 112 家，并分别反馈安全检查技术报告，其中 2022 年检查工业企业 24 家。

三　深化制造业数字化转型面临的挑战

相比先进地市，商丘市信息化水平还有差距，存在一些亟待弥补的短板。一是信息基础设施建设和应用存在不足。商丘 5G 应用产业生态尚未形成，部分数据中心“重基础、轻应用”的情况仍然突出。二是软件开发能力不足，缺少软件开发龙头企业。2021 年，商丘软件信息服务业收入仅为 3. 28 亿元，在全省占比不足 1%，集成电路、智能终端等高附加值电子信息制造业规模偏小，附加值较低的终端加工制造业占比近 70%。三是信息化服务能力较弱，缺乏本土信息化服务商，存在核心技术薄弱、应用领域单一等短板。目前，全市仅有鼎能电子1家系统解决方案供应商，企业难以从本地获取信息化融合的技术和资源支持。

四　加快制造业数字化转型的思路与建议

（一）全面构建新型数字基础设施体系

加快5G和宽带网络建设，推动5G独立组网网络规模化部署，实现乡镇以上区域5G网络全覆盖，提升典型场景网络服务质量，力争到2025年5G基站数量达到1.2万个、5G用户普及率达到60%。加快智能变电站、智能电表、配电网自动化等技术应用，以及智能微电网、智能换电网络、充电桩、储能等设施建设，打造全省领先的坚强智能电网。建设全市智能化油气管网平台，统筹调配油气资源，提升油气管道保护水平。完善市能源大数据中心功能，推动电力、天然气、热力、油品等能源网络信息系统互联互通和数据共享。推动生态环境保护智能化监管，建设污染源在线监测、无人巡查等设施，实现污染物排放重点企业生态环境实时监测。

（二）培育壮大数字核心产业

培育壮大新兴数字产业。大力发展软件服务业，依托河南中分仪器全自动色谱样品前处理装置、睿控仪器仪表智能钻井井下测控装备模拟监测、利盈微波消毒专用车智能管理、顺宇医疗设备嵌入式压力传感、晴赢塑编行业管理等细分行业特色软件优势，形成一批软件创新产品和服务解决方案，力争软件和信息服务业主营业务收入达到20亿元。加强人工智能创新应用，深入推进与环龙机器人等企业对接，积极引进巡检、安防、检测、搬运、服务等智能工业机器人生产项目，加强人工智能技术和产品在经济社会各领域的应用。重点围绕手机精密机构件、电脑配件、手机电池、集成电路板、玻璃盖板等配套产品，着力推进中国电子集团商丘电子信息产业园、睢县电子信息产业园、梁园区集美数智产业园、民权永耀缘成科技光电产业园等电子信息产业园区建设，逐步形成5G智能终端配套协作区。做大新型显示和智能终端产业，依托金振源电子、中目科技、海乐电子、浩达电子、首元科技等“链主”企业，推进智能手机、平板电脑、行车记录仪、汽车安全智能设备、多媒体自助服务移动智能终端研发及产业化，积极发展精密显示用电路板、导电玻璃、关键模组等产业链核心产品，形成上下游配套的产业集群，积极发展基于5G技术的数字影音、智能家居、智能安防、智能可穿戴设备、虚拟现实、增强现实等新型智能终端产品。

（三）加快推动产业数字化转型

大力推动制造业数字化转型，力争到2025年全市信息化和工业化发展水平进入全省第一方阵，新建设50个具有行业先进水平的智能车间、智能工厂，打造5个智能制造标杆企业，带动全产业链数字化转型。加快推进工业互联网标识解析二级节点建设，鼓励支持北汽福田、足力健鞋业、淮海制造等行业骨干企业建设行业二级节点。实施工业互联网平台培育行动，重点建设制鞋、制冷、五金工量具等优势产业集群平台。加快推进睢县中国鞋都“蟹立方”工业互联网平台建设，重点针对招商能力提升、营商环境改善和产业要素协同3个目标进行平台功能设计，助力产业数字化转型。加快发展跨境电商、直播电商、社交电商，形成线上线下融合发展格局。以全面开放商丘古城为重点，加快景区、酒店、旅行社、乡村旅游点以及文博场馆智能化改造，建设旅游大数据中心和旅游云集散中心。

（四）全面提升数字化治理能力

全面建设数字政府。推进政务信息系统整合，构建市、县（区）、乡三级畅通的网络支撑体系，打造统一、安全的电子政务云平台、信息资源共享平台、政府数据统一开放平台。加快商丘市“城市大脑”建设，通过构建“数据共享、业务融合、能力共建、技术复用”的平台体系，打造数字孪生城市，实现“综合监测、事件管理、辅助决策、联动指挥”；加快智慧交通设施共建共享，完善综合交通服务大数据平台；加快数字化医院建设，推动各级医疗机构信息系统互联互通；提供教育治理数字化转型服务，促进优质教育资源共享；加强城市公共安全视频终端建设，建设公安大数据平台；建设城市运行管理服务平台，加强城市管理工作统筹协调、指挥监督和综合评价。全力打造数字乡村，实施新一代农村信息基础设施建设工程，推动千兆光网、数字电视网和下一代互联网向农村延伸覆盖，提升乡村网络设施建设水平；实施信息进村入户整市推进示范提升工程，推动农村信息化服务平台和应用系统整合，建设省级数字乡村示范县。

（五）优化数字产业生态体系

构建协同创新体系，以协同创新、中小企业数字化赋能、网络安全保障为重点，为数字化转型提供支撑和保障，力争到 2025 年关键数字技术自主创新能力显著增强、大中小企业融通发展生态格局初步形成、多层次网络安全保障体系基本建立。支持商丘师范学院、商丘工学院等高校搭建研究平台，加强商丘科学院等科研机构建设，建立符合数字化转型趋势的技术创新体系。建立中小企业数字化赋能体系，推动中小企业研发设计、生产制造、经营管理、市场营销、运维服务等关键环节广泛用云，力争上云上平台企业达到 2 万家。鼓励有条件的本土信息服务企业向解决方案供应商转型，力争培育 3 家左右省内领先的数字化服务商。完善网络安全保障体系，加强能源、交通、水利、金融、公共服务等领域信息基础设施安全保护，提升骨干网络、大数据中心、灾备中心、重要网络平台等的网络抗攻击防御水平，落实关键设施和系统安全防护责任。

（六）加强数字化人才培养

引进高端人才团队。研究制定符合数字经济人才特点的引进和激励政策，拓宽引才途径，探索技术离岸孵化、设置特需岗位等多种方式，柔性汇聚智力资源。加强数字经济人才培养。鼓励市内高校增设或调整相关专业，加强数字经济应用型、复合型人才培养。创新人才培养模式。鼓励高校和重点龙头企业开展跨界合作，共建实习实训基地、虚拟仿真实验中心、区域网络空间训练场等，加快培养数字经济领域紧缺技能人才。

参考文献

《商丘市先进制造业集群培育行动方案（2021—2025 年）》（商政办〔2022〕3 号）。

《商丘市时空大数据与云平台建设工作方案》（商政办〔2018〕32）。

孔存玉、丁志帆：《制造业数字化转型的内在机理与实现路径》，《经济体制改革》2021 年第 6 期。

那丹丹、李英：《我国制造业数字化转型的政策工具研究》，《行政论坛》2021 年第 1 期。

《河南商丘加速推动制造业数字化转型》，《中国经济导报》2022 年 4 月 28 日。

企业篇

Enterprise Reports

B.17 中信重工机械股份有限公司数字化转型报告

杨磊 李涛 郝爽 王峰*

摘 要： 面对信息技术快速发展与“两化”深度融合的时代趋势，中信重工积极响应国家对国有企业数字化转型的规划部署，积极解决离散型制造数字化转型难题，探索离散型重型装备智能制造新模式。企业分别从构建数字化研发设计平台，实现产品协同设计；部署实施5G新型工业网络，实现人机物互联互通；建设数字化制造平台，逐步实现智能制造；建设矿山装备工业互联网平台，赋能行业数字化转型等环节着手，形成行业数字化转型整体技术方案。未来将积极开展数字化产业推广，打造产业智能化应用标杆，着力5G技术应用研究，探索“5G+工业互联网”应用场景，持续践行产业数字化转型。

---

* 杨磊，中信重工机械股份有限公司信息技术管理中心主任；李涛，中信重工机械股份有限公司信息技术管理中心主任助理；郝爽，洛阳市工业和信息化局运行监测协调科科长；王峰，中信重工机械股份有限公司信息技术管理中心主管。

关键词： 离散型制造　智能制造　中信重工

一　中信重工数字化转型取得明显成效

中信重工机械股份有限公司（以下简称“中信重工”）围绕离散型制造痛点、难点，利用信息技术，按照“顶层设计、系统整合、业务协同、信息共享、数据挖掘”的原则，将“研发设计数字化、生产制造智能化、营销服务网络化、数据资源价值化、行业应用平台化”作为数字化转型总体目标，推进信息技术与各项业务深度融合，实现了公司高质量发展。

（一）数字化转型提升企业全生命周期各环节质量

通过数字化转型，提升了中信重工产品设计、工艺、制造、检测、物流等全生命周期各环节的智能化水平及制造过程整体自动化、信息化和智能化水平，实现物流、信息流、商流和资金流的全面集成，实现生产管理效率提高25%，产品研制周期缩短30%以上，产品不良品率降低20%，能源利用率提高20%以上，整体提高了公司的经济效益和市场竞争力。

（二）数字化转型突破多品种、单件定制生产瓶颈

基于多品种、单件定制的离散型重型装备制造特点，生产制造企业面临制造流程复杂、工序繁多、生产计划编制困难、数据信息流通不畅、设计研发资料传递时效性无法满足生产要求等难点和痛点。通过实施数字化转型升级，企业建设离散型智能制造新模式，以数据驱动，构建研发设计与生产制造数据通道，打通产品设计、工艺、计划、制造、质量检验数据链，可有效规范及监控产品生产全过程，实现智能制造，加快推动传统离散型制造业转型升级。

（三）保持并提升企业在市场激烈竞争中的核心优势

随着制造业的竞争日益激烈，客户需求的多样性、制造工艺的复杂程

度、市场对质量与效率的要求不断提升，使重型装备制造企业面临巨大挑战。而数字化转型是重塑制造业竞争优势的重要途径，中信重工基于数字化转型创新实践，形成以客户为中心、以数据为驱动的制造新模式解决方案，可有效满足市场多样化需求，促进供给与需求的精准匹配，敏捷响应复杂多变的市场环境和用户需求，推动企业产品优势及市场竞争力提升。

（四）形成行业数字化转型整体技术方案

离散型装备制造涉及机械、电气和电子等多学科的设计、生产和管理知识。中信重工将信息化建设成果提炼总结成可复制、可推广的行业数字化转型技术方案，综合利用数字化研发设计和制造平台建设成果，打通研发设计与生产制造的数据通道，实现协同研发与精益生产制造理念的结合，利用信息技术，应用数字化三维设计与工艺设计软件进行产品工艺设计与仿真，并通过物理检测与试验进行验证和优化。生成产品装配工艺动画，明确产品装配工艺分解和安装过程，为生产制造提供准确、可靠的技术信息。同时，打通产品设计、工艺、计划、制造、质量检验数据链，规范生产管理和优化业务流程，监控生产制造全过程，提高精益化生产管理水平。形成传统离散型机械加工产品生产智能工厂整体解决方案，为传统离散型制造业转型升级树立标杆，并为其他企业提供咨询和整体解决方案实施服务。

二　中信重工推动数字化转型的做法与经验

（一）构建数字化研发设计平台，实现产品协同设计

1. 搭建数字化研发设计环境

建设数字化设计平台，以三维参数化设计和产品全生命周期管理系统为载体，实现基于产品全生命周期的全数字化设计；有效整合产品研发设计全过程各门类数据，提高设计协同效率，同时为营销服务提供信息支撑，为生产制造提供数据支持，为质量管理提供控制依据，为成本控制提供核算标

准，为企业数字化转型和智能制造奠定基础。

2. 应用产品三维参数化设计

建立基于三维数字化应用的设计、工艺、制造一体化协同模式，利用基于模型的定义（MBD）技术构建产品数字化“双胞胎”，以三维模型作为研发设计、工艺规划、制造指导的唯一技术表达和数据交互载体，将产品几何形状和尺寸公差、材料属性、工艺、制造等非几何信息附着在三维模型上，实现产品全生命周期的数字化表达，提高产品研发设计和工艺作业指导的数字化和智能化水平，最大限度降低人为因素对产品设计和制造质量的影响。同时，全面实现产品技术数据结构化管理，充分发掘数据集成应用价值，提升产品质量控制能力，并延伸数据应用的覆盖范围，为企业营销、服务、生产、质量、财务等各业务部门提供便捷、高效的产品技术资料数字化应用手段，提高部门间的业务协同效率。

3. 实现产品设计数字化、样机及运动模拟仿真化

运用参数化建模技术和三维可视化技术，实现关键产品的数字化三维设计，并通过三维可视化装配优化设计方案和工艺。基于三维模型，借助机电一体化概念设计软件进行仿真调试，实现关键产品的虚拟调试，加快产品开发速度，缩短设计周期，降低成本。

4. 实现工艺设计的数字化、模块化、标准化

应用基于模型的三维设计和三维工艺，将产品几何形状、尺寸公差、材料属性、工艺、制造等信息附着在三维模型上，直观表述设计思想和工艺。构建工艺知识库，实现工艺设计数字化、模块化及标准化，最大限度避免人为错误，确保产品设计、制造质量及可靠性。

5. 实现设计工艺与生产制造高效协同

围绕离散型装备制造生产需求，构建产品设计、仿真、工艺、制造全流程数字化管理通道，实现从产品设计到工艺设计全过程数字化管理，实现设计、工艺、生产环节图纸等技术资料和数据流贯通，为各信息系统之间的技术数据应用和互联互通夯实基础。实现图纸等技术资料无纸化、数字化应用，提升设计的数字化水平和协同设计效率，同时确保产品技术信息的在线

管理，实现技术资料可追溯、可查阅、可传递，确保满足产品在线化服务需求。

（二）部署实施5G新型工业网络，实现人机物互联互通

1.部署应用覆盖所有生产区域的5G工业网络

基于5G技术创新应用，中信重工建立基于5G通信技术的新型工业网络，为信息通信和数据交互提供高效、稳定、安全的网络通道，将网络连接对象从人延伸到机器设备、工业产品和工业服务等各类生产单元。建设覆盖企业全域的5G无线网络，实现人机物全面互联，进一步打通设计、采购、制造、仓储、物流等环节堵点，构建一个面向未来的智能制造网络。

2.实现基于5G传输的设备联网数据采集

通过大规模部署数采设备，实施“5G+设备”联网改造，构建中信重工物联网平台，实现设备上云，实时查看设备数据，掌握设备负载情况，为设备管理和生产服务提供数据支持。5G专网提升数据私密性，保证数据不出厂，提升公司生产效率，保障数据和信息资产安全。

借助5G低时延、大带宽属性，依托数采装备，实现生产设备联网，方便实时查看生产过程，保证效率。目前，中信重工已完成关键机加工生产设备网络接入，整体推进热处理、铸锻等热加工设备联网；实现对生产设备信息、运行状态、利用效率、加工产品情况的实时数据采集和监控。

（三）建设数字化制造平台，逐步实现智能制造

中信重工建设的数字化制造平台，主要由ERP系统、MES系统、APS系统、DNC系统、工控网络安全系统、智能质量监测系统、3D及VR可视化系统、5G专网等软硬件系统构成，实现工位机直接调阅图纸、工艺卡片、数控仿真和装配仿真视频、智能排产及派工、系统领工和报工，实现短信叫检、叫料等移动应用，实现研发设计与生产制造的业务协同。

1.基于ERP系统，依据销售订单自动生成生产、采购计划

公司自主开发基于离散型装备制造的ERP系统，作为信息化应用从研

发设计向生产制造管理扩展的支撑平台。ERP 系统实现了产品技术准备结束后，生产计划管理、制造管理、采购管理、库存管理、质量管理等业务管理环节的信息化。通过 ERP 系统中的 MRP 运算，能够科学制定采购、生产等整体订单交付计划。

2. 应用 APS 系统，自动生成车间、班组级生产计划

基于离散型重型装备生产管控特点，中信重工利用产学研平台，建设了 APS 高级排程系统，构建了排程策略模型，按照排程策略自动生成可视化排程结果。APS 高级排程系统综合考虑零件之间的上下关系、工序之间的前后顺序、订单的重要程度等情况，随时应对插单、拆单、调产等问题，排出满足交货期、成本最低的计划，使计划人员知道需要调整的加工设备，或者使用委托、外协等手段保证交货期，大大提高合同履约率。APS 高级排程系统支持高级自动排产，即支持多种高级自动排产规则，具有按交货期、计划优先级、按生产周期、新订单插单、生产状态优先等多种排产方式，可最大限度满足各类复杂排产要求。

3. 依托 MES 系统，实现生产智能化调度

车间 MES 系统是完整的信息化管控平台，涵盖产品制造过程的全部管理体系以及设计、工艺、制造、测试、检验、试验等环节。MES 系统实现对中信重工整体业务的支撑，规范公司业务流程和实体编码，提高制造资源配置的快速响应能力，加强对现场生产过程的动态跟踪和实时监控，辅助领导层的日常管理和决策，最终提升车间的资源利用率、生产效益和科学化管理水平。通过应用 MES 系统并与 ERP、PDM、CAPP、DNC 等多个信息系统集成，中信重工建设了一套先进、高效、实用、集成的智能化生产管理系统。

（四）建设矿山装备工业互联网平台，赋能行业数字化转型

中信重工在矿物实验、产品研发、装备制造和工业大数据等方面有较为深厚长期的积淀，在此基础上建设的矿山装备工业互联网平台，具有智能感知、工业数据采集、大数据分析和利用等功能，可以提供远程监测、故障诊

断、预测性维护等创新服务。矿山装备工业互联网平台将工业管理、运营、技术等方面的经验知识进行模块化、软件化处理，便于向行业内企业提供微服务组件或工业 App，驱动形成协同创新、共享发展的产业生态圈。

平台综合运用机器学习、信号处理、机器视觉等数字技术，开发关键参数测量、设备故障诊断、设备健康评估三类数据模型，可为用户提供工业数据采集、设备健康评估、设备预防性维护、质量智能监测、选矿工艺优化、全面运维管理等服务。矿山装备工业互联网平台是国家制造业与互联网融合发展试点示范项目，也是河南省认定的首批工业互联网平台之一。

三　中信重工持续推进数字化转型的思路与对策

“十四五”期间，中信重工将继续以数字化、智能化、绿色化为指引，充分发挥在工艺选型、产品研发、装备制造、运维服务、工艺优化和工业大数据等方面的优势，依托矿山装备工业互联网平台，逐步实现从装备智能化到工艺系统智能化，再到多系统融合的智能矿山的转型升级，大力推进产业数字化。

（一）积极开展数字化产业推广，打造产业智能化应用标杆

重点针对智能矿山、智能骨料、智能石灰等领域打造 2~3 个智能化应用示范项目、示范工程，以点带面大力推进规模化应用，形成可复制、可推广的行业解决方案。深入开发基于物联网的，针对矿用磨机、立式搅拌磨、高压辊磨、回转窑、圆锥破碎机等矿山行业核心产品的运程运维和智能服务应用系统，进一步提高矿山装备产品和服务的智能化水平。面向中信重工现有客户、上下游供应商、行业内其他中小型企业，提升平台核心服务能力，最终建设成为具有独特商业模式的国家级矿山装备行业工业互联网平台。

（二）着力5G 技术应用研究，探索“5G+工业互联网”应用场景

探索研究 5G 在行业内的应用场景，创新应用物联网、大数据、云计算

等新一代信息技术，优化配置生产资源和制造能力，进一步实现提质增效目标。推动矿山企业生产运营模式智能化变革，优化企业生产工艺流程，充分提高劳动效率和生产效益。通过智能选矿技术，推动产业链上下游企业在地质、采矿、选矿、冶炼等环节的数据共享与协同，为进阶提高产业链协作效率打下基础。

参考文献

周磊、王丽芬：《中央企业数字化转型实践》，《通信企业管理》2022 年第 7 期。

董木欣、徐玉德：《国有企业数字化转型中的数据安全与治理路径——基于信息生态视域》，《财会月刊》2022 年第 13 期。

黄华灵：《企业数字化转型与全球价值链地位提升——基于资源配置视角》，《商业经济研究》2022 年第 7 期。

B.18
许继集团有限公司数字化转型报告

孙继强　白红菊*

摘　要：　许继集团有限公司作为国内能源电力装备制造业领先企业，全面把握新一轮科技革命和产业变革机遇，响应国家和省委、省政府战略部署，将数字化转型作为实现自身高质量发展的关键抓手。不断完善顶层规划，统筹数字转型；完善基础设施，筑牢数字根基；注重业务协同，创新运营体系；注重技术攻关，增强竞争能力；推进智能制造，建立示范工厂；推进对外合作，培育产业生态，充分发挥数字经济驱动引领和价值创造作用，为企业生产经营和创新发展注入新动力。未来公司将从推进发展动能转变、聚焦技术创新突破、完善新型基础设施建设、推动智能制造转型升级等角度入手，克服困难，持续推动数字化转型。

关键词：　电力装备　智能制造　许继集团

许继集团有限公司（以下简称“许继集团”）是国内能源电力装备制造业领先企业，一直以来深入贯彻制造强国、网络强国等重要精神，面对时代发展趋势，全面落实河南省委、省政府数字化转型战略部署，结合发展规划和行业需求，围绕“双碳”目标、新型电力系统构建和制造业高质量发展，持续推进企业数字化转型，取得了显著的发展成效。

---

* 孙继强，许继集团有限公司党委书记、董事长；白红菊，许继集团有限公司科技创新部部长。

一　企业数字化转型发展态势

（一）国家发展数字经济要求企业数字化转型

发展数字经济是把握新一轮科技革命和产业变革新机遇的战略选择。国务院国资委发布《关于加快推进国有企业数字化转型工作的通知》，要求推动新一代信息技术与制造业深度融合，促进国有企业数字化、网络化、智能化发展，增强竞争力、创新力、控制力、影响力、抗风险能力，提升产业基础能力和产业链现代化水平。许继集团作为国内能源电力装备制造业领先企业，致力于为国民经济和社会发展提供高端智慧能源电力技术装备，持续为清洁能源的生产、传输、配送及高效使用提供技术支撑。

（二）企业数字化转型是高质量发展必由之路

2021 年，由中国西电集团、许继集团、平高集团、山东电工电气集团等重组整合的中国电气装备集团有限公司（以下简称“集团公司”）成立。集团公司围绕“智慧电气、系统服务、高效能源”总体布局，立足“电气技术引领者、能源革命推动者、绿色发展践行者”定位，践行“赋能智慧电气、创引绿色能源”使命，加快推进企业转型发展。许继集团推进数字化转型发展是实现自身高质量发展的迫切要求，须把握新一轮信息技术革命新趋势，正视问题与不足，抢抓新机遇，发挥数字驱动引领和价值创造作用，为企业生产经营和创新发展注入新动力，加快建设网络基础设施、突破关键核心技术、强化信息安全保障、提升产业支撑能力，助力企业实现从生产型制造向服务型制造、从基础制造向质量/品牌制造、从本土化制造向全球化制造转变目标，推进世界一流企业建设。

（三）新型电力系统建设助推企业数字化转型

随着“双碳”目标的推进，新能源未来将大规模并网，给电网带来高比例可再生能源、高比例电力电子设备的“双高”挑战，构建新型电力系统成为电力行业转型发展的方向。国家电网公司发布实施构建新型电力系统行动方案，发起成立新型电力系统技术创新联盟，以数字技术为电网赋能，广泛应用“大云物移智链”等数字技术，推动电网向能源互联网转型升级。南方电网公司发布《数字电网白皮书》，推进电网实现以“电力+算力”为核心驱动的大规模可再生能源协同调度，建设形成新能源可观可测可控数字化平台，实现“风光水火储”联合优化调度。许继集团作为电力装备制造企业，须综合应用云计算、大数据、物联网、移动互联网、人工智能、区块链等数字技术对电力设备进行数字化升级，以适应新型电力系统建设和赋能产业发展需要。

二　企业数字化转型的做法与经验

（一）完善顶层规划，统筹数字转型

一是注重规划引领。许继集团成立数字化转型领导小组，设立专职推动智能制造发展，整合信息化、数字化、智能化相关资源，统一协调数字化业务并推进实施。通过发布企业数字化规划、科技规划和智能制造规划，指导各单位有序开展产业数字化、数字产业化，明确企业数字化自上而下、试点先行、先易后难、先粗再细等实施原则，确保实施成效。二是标准体系先行。通过标准体系认证规范企业信息安全、信息服务等业务，为数字化转型任务落实提供指导。在企业三大体系认证基础上，取得 ISO27001 信息安全管理体系、ISO20000 信息技术服务管理体系、软件能力成熟度 CMMI3 体系认证，深入开展软件能力成熟度 CMMI5 及 ITSS 等标准体系认证，建立完善、科学、有效的国际化信息技术和信息安全管理体系。三是营造创新氛围。提高全员数字化转型意识，通过科技大讲堂、智能制造每月一讲等方式，邀请专家开展政策、技术等专题讲座，解读、学习国家关于发展数字经济的指示精神，解读新型电力系统应用案例。举办创新大赛、成果推广、树

标立范、交流培训等活动，激发基层活力，营造勇于、乐于、善于数字化转型的氛围。四是强化考核牵引。以正向考核激励为主，通过“赛马制”“总师制”“揭榜挂帅制”等方式鼓励研发人员开展技术创新，鼓励各单位积极开展示范项目、小微改造、生产信息化建设，推进生产智能化改造，通过表彰先进、宣传典型等方式，复制成功模式和先进经验，在业务领域推广，在供应链中应用。建立数字化转型诊断对标机制，定期开展诊断对标，提升新一代信息技术与企业业务融合发展水平。

（二）完善基础设施，筑牢数字根基

一是强化数字基础平台。许继集团以企业云基础设施及网络能力提升为重点，以 IT 资源统一化、部署集中化、调度智能化为目标，建设企业统一云数据中心，打造公共内网资源池和外网资源池，推动核心业务迁移上云，解决企业数据分散、资源无法共享利用等问题，部署物理机、拓展存储空间，分配虚拟机、支撑各类系统，实现核心业务系统 100%云化部署。

二是强化创新平台建设。打造国家、省、公司三级研发平台，在集聚创新资源、加快创新突破、转化创新成果等方面发挥积极作用。目前，拥有国家高压直流输变电设备工程技术研究中心、国家工业设计中心等 5 个国家级创新平台，建有“河南省智能充换电技术重点实验室”等 18 个省级创新平台，打造了满足需求、支撑产业的软硬件创新环境。

三是强化研发安全防护。通过建设研发专网实现研发安全防护一体化，整体遵循“安全化、立体化、多元化”原则，构建安全可靠、独立统一的网络研发环境，确保研发数据安全、稳定运行。着力构建数字化全场景网络安全防控体系，提升网络边界和终端安全防御能力，配合云桌面等新基建任务开展平台安全防护，实现数据全生命周期安全防御，为企业数字化转型和知识资产保护保驾护航。

（三）注重业务协同，创新运营体系

一是构建人财物一体化业务支撑体系。建立以 ERP 系统为核心，以财务管控系统、财务共享系统、物力集约化系统为补充的一体化管理支撑平台。通过ERP系统实现采购、生产、销售、财务等基础业务及流程统一管控，实现设计、投产、调试等关键合同节点管控透明化。通过财务管控系统实现报表、资金、预算、税务、产权、稽核、保证金、票据盘点等业务线上管理。通过财务共享系统实现报销、应付、职工薪酬福利支付类财务业务一体化。通过物力集约化系统实现采购计划、寻源、主数据、物资、从业人员等线上管理。二是构建研产销一体化协同服务体系。在研产销管理方面，建立以集团PLM系统、CRM系统和各单位MES系统为主体的一体化协同服务平台。通过PLM系统实现研发项目、图文档、BOM、流程、变更、报表等业务线上管理，软硬件签审流程全覆盖，试点单位工程设计及更改流程线上管理，研发成果集中管理和资源共享。通过CRM系统实现营销服务业务售前、售中、售后主干流程在线化和客服移动应用在线化，实现售后服务“便捷接入”和“一站式”服务，实现面向客户的端到端流程和信息化贯通。通过应用MES系统实现与PLM系统和CRM系统业务贯通，打通生产各环节业务流，实现全流程数据线上获取，实现制造过程自动分析、诊断和预警。三是构建综合业务线上管理支撑体系。通过协同办公、企业门户、知识管理、电子邮件、舆情、后勤管理、纪检监察、审计、经法、会管等系统部署，实现企业各职能部门公文管理、督查督办、会议管理、值班管理、信息管理、综合事务、保密管理、工作联系单、作风服务、客户响应、电子印章、电子文件、档案管理等业务线上管控，实现集团层面综合管理业务全覆盖，推动“质量许继”各项工作高效开展。

（四）注重技术攻关，增强竞争能力

一是完善技术创新管理体系。许继集团搭建了本部、产业单位两级研发平台，实现前瞻共性及平台技术上移，推进自主创新和借脑引智双轮驱动，加快成果产出。结合智能传感、人工智能、边缘计算、区块链、物联网、5G等新技术在电力智能终端、信息通信等领域的应用，推进数字技术与电力装备融合发展和产品创新。开发具备感知、交互、自学习、辅助决策等功

能的智能产品与服务软硬件产品，更好地满足用户需求。二是推进实施重大科技专项。许继集团依托13项省级重大科技专项建设了全球领先的特高压重点实验室，突破制约电网发展的重大装备技术瓶颈，攻克特高压、智能电网、新能源等领域核心装备关键技术，成功研制了±1100千伏和±800千伏特高压直流输电换流阀、±800千伏特高压柔性直流换流阀、高速混合型高压直流断路器和直流耗能装置等重大装备，充分验证后成功投运。三是推进国产化替代。成功研制我国首套全国产芯片继电保护装置。海上风电换流阀、国产化保护测控等装备入选国家能源局首台（套）重大技术装备项目名单。为国内首个100%可再生能源示范工程提供源网荷储整体解决方案，完成4.5兆瓦系列风电机组、1500伏储能变流器、电池PACK模组、新能源快速功率控制等产品研制，实现数字换流站、海上柔直阀、低碳园区综合能源管控系统首台（套）应用。

（五）推进智能制造，建立示范工厂

一是开展智能制造示范工厂领航行动。许继集团以建设智能车间、智能工厂为目标，推进新一代信息技术与制造全过程、全要素深度融合，推动制造技术突破、工艺创新和业务流程再造。对标世界一流企业，以智能制造成熟度评估为抓手，“储备一批、建设一批、深化一批、推广一批”，在许继智能电表智能工厂建设经验基础上，研发设计制造检测一体化系统，建设磁控式柱上开关、新一代三相电表等智能制造示范和全自动化智能产线，产能、效率和质量明显提升，预装式变电站生产线、磁控式柱上开关生产线均达到行业一流水平，生产效率提升41.54%。许继智能电表智能工厂成功入选“2020中国标杆智能工厂”榜单，三相电表荣获国际质量铂金奖。二是开展设备数字化小微改造行动。许继集团不断总结提炼成功经验，理论结合实际，逐步构建小微改造“三大体系”，即“价值评价体系、框架体系、推进体系”，形成有理论支撑、有框架指导、有推进落实的一整套小微改造推行模式，降低企业成本，服务智能制造。2018年以来，累计实施小微改造项目138项，解决钣金安全防护、线缆预制等生产实际难题40余项，变压器绕线、风机组装等工序工作效率提升40%以上，重大项目100%交付，平均生产周期缩短10天，履约交付能力更强。

（六）推进对外合作，培育产业生态

一是强化数字技术创新合作。许继集团通过与电科院、智研院、央企、行业知名企业等合作，加速推进优秀成果转化。推进重点领域技术合作，加快技术转化及应用，与清华大学、华中科技大学等开展关键电力技术合作，借助高校前瞻技术优势，实现外部资源充分整合利用。通过共建实验室、研究资助、学术研讨交流等形式，充分利用大学、科研机构的创新资源。选取产业链相关企业，与其开展长期战略性研发合作或组建产业联盟，共同推动重大技术创新成果转化及快速商业化。二是打造工业互联新生态。许继集团通过打造能源电力装备工业互联网平台，实现与合作伙伴的信息互通和共同发展。许继能源电力转变工业互联网平台示范项目基于新一代信息通信技术与先进制造技术深度融合，实现“制造+平台+服务”转型升级，为装备制造方、用户方、合作方、监管方提供有价值的工业微应用服务。当前，智能电表板块共接入原材料供应商300余家、外协加工商10余家、自动化生产线10余条、数字化车间3个，实现材料采购、外协加工、整机测试、客户发运全过程在线协同。

三　企业数字化转型面临的问题

（一）新型数字基础设施建设比较薄弱

新型数字基础设施建设具有系统性、持续性和高成本特征，是一项复杂的系统工程。许继集团新型数字基础设施建设仍然面临各种挑战和困难。一是云计算等基础设施应用刚刚起步，支撑数据中台、工业互联网平台、人工智能等新型应用的能力、技术成熟度还有待提高。二是软硬件基础设施架构灵活性较差，推动新型或复杂业务迅速构建成本较高。三是人

工智能、云计算、大数据和工业互联网等新技术人才短缺，数字化转型战略人才存在结构性短缺。

（二）数字技术与能源生态处于起步阶段

企业顶层规划能力和专业专注研究开发能力仍需提高，云平台建设、大数据、智能制造等方面的资源投入及内部支撑单位建设经验不足，尚未形成超前的统一架构和完整的技术路线，与国际知名企业存在一定差距。未在数字化产业和产品智能化升级等方面形成技术与资源合力，处于不平衡状态，受系统应用差异化及建设成本影响，部分项目推进缓慢。能源数字生态构建尚未取得显著成效，与同行业、上下游企业、研究机构的新技术应用合作机制需要完善。

四　企业数字化转型的思路与对策

“十四五”期间，许继集团将围绕国家“双碳”目标和新型电力系统建设目标，优化产业发展布局，夯实技术平台底座，推动企业发展方式转变，实现技术创新突破，推进产业数字化和数字产业化，促进新型基础设施建设及智能制造转型升级，提升竞争力和效益效率，为高质量发展奠定基础。

（一）推进发展动能转换

加强创新驱动，提升创新能力，推进现有技术和传统产品迭代升级，用科技赋能产业链再造和价值链提升，增强集团发展动力和后劲。在巩固改革成果、持续强化精细管理的基础上，积极开拓进取，加大研发、销售等领域投入力度，提升集团整体竞争实力和数字经济竞争优势。实施研发体系变革及创新驱动发展战略，建立一流研发体系，打造弹性研发组织机制，实施科技收益分配，发挥研发团队效能，创新合作开发模式，促进科技成果转化。

（二）聚焦技术创新突破

聚焦集团重点发展领域，实行柔性引才育才机制，引进培育能够突破关键技术、带动新兴产业、发展高端产业的领军人才。加强科技和数字化资源投入，提升平台及运维智能化、数字化水平，突破新能源大规模接入、新型电力系统建设等重大关键技术瓶颈，掌握源网荷储协同控制等整体解决方案，研制重卡换电设备、新能源全景监控系统等产品，在国家及行业重点示范工程方面提升技术引领力，巩固河南电力装备产业优势地位。

（三）完善新型基础设施建设

以建设企业一体化工业互联云平台为基础，打造集团数据中心，在业务规范基础上，以数据湖及数据管理为中心，打造企业业务中台和数据中台，突破核心技术，实现集团研发、生产、营销、人资、财务、物资一体化业务协同，助力企业智能制造转型和数字产业创新突破。赋能软件业务，全力提升电力系统领域信息化水平和软硬件解决方案开发能力，推动产业数字化和数字产业化。

（四）推动智能制造转型升级

抓好“点线面体”，提升生产制造水平，扩大冠军产品智能制造优势，深入探索磁控开关、预制舱、智能电表等生产模式，打造智能工厂试点示范。着力打造智能单元，加强基础工艺水平提升，推进变压器浇注、箱变喷涂等智能装备应用，完善智能电表、配网设备等品类产线核心设备数据自动采集功能，提升设备数字化水平。依托产品研发及营销运维平台，实施储备新能源等新兴业务智能制造工程，为集团数字化转型提供有力支撑。

参考文献

安幸、葛腾：《企业数字化转型的认知短板及其角色补救》，《企业改革与管理》2022 年第 14 期。

王小林、杨志红：《高质量发展视角下企业数字化转型的机理》，《求索》2022 年第 4 期。

尹夏楠、詹细明、唐少清：《制造企业数字化转型对财务绩效的影响机理》，《中国流通经济》2022 年第 7 期。

B.19
西继迅达电梯有限公司数字化转型报告

刘 刚 周振鹏*

摘 要： 近年来，大数据、人工智能、云计算、区块链等新一代信息技术创新能力大幅提升，数字化转型基础不断夯实。面对电梯行业市场周期性下滑困境，西继迅达电梯有限公司积极进行数字化改革，立足发展基础逐步推动自身售前管理、供应链管理、生产管理、电梯安装管理等业务全面数字化转型，实现以生产为主向“制造+服务”升级，入选2021年河南省服务型制造示范企业。未来公司将进一步明确以智能制造为改革方向，以服务产业化为目标，持续提高维保服务品质；不断创新特色智能产品，提高营业收入；顺应5G时代发展趋势，搭建智能电梯生态链。

关键词： 数字化 服务型制造 西继迅达

西继迅达电梯有限公司（以下简称“西继迅达”）是从事电梯研发、制造、销售、安装及维修服务的专业化大型整梯供应商，专业提供各类乘客电梯、医用电梯、观光电梯、扶梯、载货电梯等系列电梯产品和服务。近年来，5G技术普及、新数字技术不断产生，产业数字化、网络化、智能化加速推进。面对电梯行业周期性变化，西继迅达将数字化转型作为改造提升传

---

* 刘刚，西继迅达电梯有限公司总经理；周振鹏，西继迅达电梯有限公司信息工程中心主任。

统动能、培育发展新动能的重要手段，坚定走“先进制造业+现代服务业”道路，持续推动公司高质量发展。

一　企业数字化转型发展态势

我国电梯行业在经历十余年大规模爆发式增长之后，逐步转向增速放缓、周期性稳定的新阶段，新增电梯需求受到地产行业影响有所降低。在此背景下，激烈的市场竞争使成本竞争优势愈发不明显，甚至走向劣势。西继迅达抓住数字化转型机遇，推动传统制造业向数字化服务业转变创新。作为省工信厅认定的河南省智能工厂、绿色工厂，西继迅达在数字化与智能化领域的“实施基于云平台（eCloud）电梯安全运维管理的经验”，被认定为省制造业与互联网融合发展试点示范项目，并于2021年9月17日成功入选全国质量标杆典型经验。

2010年，公司开始规划电梯物联网系统建设，采用“互联网+”的高效率方式提高公司信息化水平。从公司内部办公管理开始，西继迅达逐步形成整套电梯设计、生产、销售、安装、维护全生命周期管理体系，打破各个环节的信息壁垒，提高企业内部工作效率，缩短产品生产周期，发挥信息数据价值。2018年初，西继迅达升级建设电梯行业eCloud工业互联网云平台，电梯急修、维护保养工作管理效率得到极大提升。

西继迅达将互联网、物联网、云计算、大数据等新一代信息技术与电梯行业深度融合，依托电梯行业eCloud工业互联云平台，通过电梯主控系统采集数据，利用物联网通信技术将数据返回数据中心进行大数据分析处理，保证在用电梯的数字化管控。结合人工智能技术，实现电梯异常事件预测和经验复用，服务响应速度得到极大提高，带来更好的电梯质量保障与更优质的电梯售后服务。同时，平台集聚产业资源，可实现产业链配套和供应链协同，有效激发下游应用市场需求，对整个电梯制造和服务行业具有很强的影响力。聚焦产品智能化、生产智能化、管理智能化以及服务智能化，推出结合物联网特色的产品，逐步构建电梯产业生态圈，引领行业技术与产业发展，为客户提供优质产品与服务，提升行业竞争力和民族电梯品牌地位。2022年，西继迅达根据市场需求，结合物联网技术，成功推出Vika家用电梯，为家用电梯安全赋予全新定义。引入智能家居理念，助力客户“定制”自在随心的美好生活，打造特色创新产品。

二　企业数字化转型的做法与经验

电梯信息管理业务比其他传统制造业流程更复杂，涉及产品研发、供应链管理、生产制造、电梯安装项目管理、电梯维保售后管理以及电梯故障监控等环节，覆盖电梯产品全生命周期。电梯项目从客户意向到投入使用，需要应用涉及销售项目备案管理、参数管理、报价管理、合同管理、配置管理、销售订单管理、物料需求规划、采购计划管理、生产完工及装箱管理、货运管理、安装合同管理、安装过程管理、维保合同管理、维保过程管理、电梯故障预警管理、急修管理等，共计十几个模块的管理系统。

通过信息化方式解决信息管理和共享难题是全生命周期管理的必要途径。西继迅达在信息化建设方面投入并组建了公司应用软件研发团队，主要目的是满足电梯行业的个性化软件需求。西继迅达先后进行生产、售前、安装、售后维保等业务的数字化工作，实现了从电梯订单下达到电梯交付转移、后期维保全生命周期数字化管理。公司信息管理系统主要分为两大类，基础类管理系统和业务类管理系统（见图1）。

售前管理数字化。公司于2010年立项开发销售管理系统，并在当年投入使用，系统主要涵盖销售项目报备管理、销售人员日志系统、电梯参数采集管理、井道图纸自动生成管理、报价管理等功能，解决并满足了公司驻外人员与公司信息沟通的无缝衔接。驻外销售团队将销售项目信息填报至公司系统，系统会为销售人员生成电梯井道图纸和报价相关信息，满足对客户各种要求做出快速响应的需求。

供应链管理数字化。公司建有ERP系统及商务信息共享平台，具有电梯合同信息管理和共享、销售订单管理、对满足发货条件的电梯进行销售订

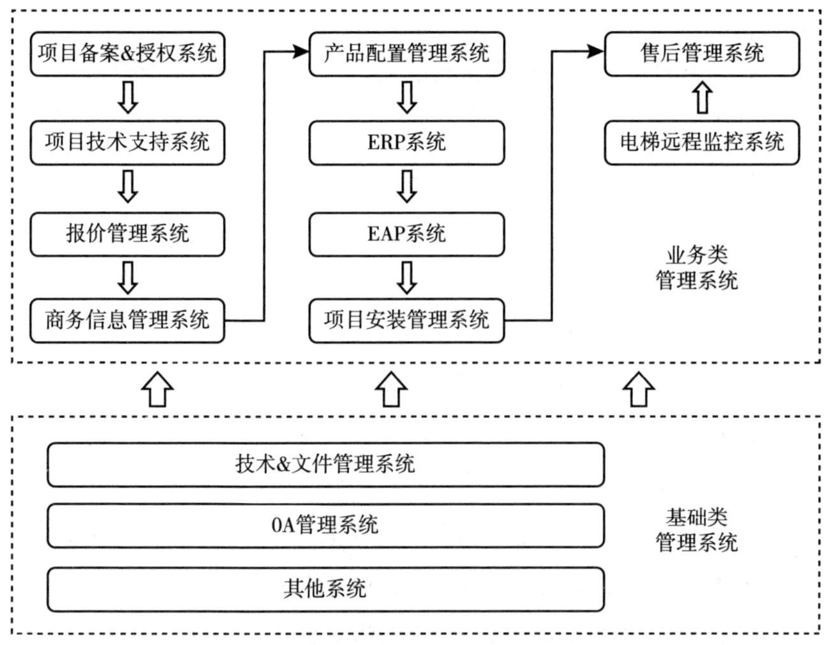

图 1　公司基础类管理系统和业务类管理系统

单下发、实施成品零库存计划、电梯配置生成管理、从上游系统获取电梯参数、自动生成电梯生产物料明细及产品装箱清单等功能。采购管理和生产计划管理环节，对通用部件及非通用部件实现不同供应商采购订单快速处理，对非通用部件实现以产定购。

生产管理数字化。公司建有电梯行业生产系统（EAP）和物料需求规划（MRP）系统，电梯销售订单一旦确认，立即流转至该系统，系统会为销售订单生成相应的物料需求计划，并为电梯部件生成条码，在生产过程中对条码进行扫描以采集数据，实现产品部件级查询和追溯；完工装箱后，系统货运中心分派货运计划，货运中心装车扫描确保运输过程有条不紊地进行。

电梯安装管理业务数字化。电梯出厂后，安装项目管理系统会从上游系统获得信息和指令，根据安装合同内容为出厂电梯生成安装计划，驻外安装项目经理将项目进度信息实时采集至系统，实现电梯安装的有效监督和管控。

电梯维保管理数字化。电梯安装结束后，进入电梯维保管理环节，公司建有维保管理系统，主要实现维保合同管理、电梯保养计划安排和保养人员监控、电梯紧急派工管理、急修信息反馈管理等。

公司办公数字化。为了提高办公效率，公司建有 OA 系统，实现流程管理无纸化及快速流转，搭建 OA 办公系统移动端 App，满足公司移动化办公需求。

在数字化转型过程中，公司始终坚持以提升效益为目标，占据市场领导地位；以创新为驱动，掌握核心竞争力；以智能工厂为载体，确保落地可实施；以自动化为手段，促进生产端提质增效降成本；以数据为源头，保证数据可采集；以信息化、数字化为基础，为实现运营和智能决策提供技术支持；以人为本，充分发挥人的核心作用，积极推进人机协作；以标准化、精益化为原则，形成贯穿智能制造全过程的指导思想。顺应行业趋势，紧跟国家政策，借力高新技术，贴合企业自身特色，实现企业转型升级。

三　公司数字化转型面临的问题

数字化转型是涉及技术、战略和管理等层面的综合性命题。制造业企业利润率普遍较低、承压较大，需要高度重视数字化转型。具体来说，企业推进数字化转型面临的问题至少包括以下三个方面。

（一）轻视数字化转型迫切性及重要性

数字化转型需要公司从战略层面高度重视，找到易于突破的切入口，逐步进行研发、物料配送、生产、管理、运营等层面的全方位变革。数字经济时代已经全面到来，数字化转型是制造业高质量发展的必由之路，但是许多企业领导决策层没有认识到数字化转型的紧迫性，没有形成转型合力，无法自上而下高效推进。

（二）重视自动化、轻视数据化

引进自动化系统对于企业而言是较为容易实现的，并且效果立竿见影，因而企业容易出现重视自动化、轻视进一步数字化的情况。对于制造业企业而言，在引进自动化系统之后，必须进一步推动设备联网，实时采集数据，充分发挥自动化设备的作用，并为充分挖掘数据价值做准备，逐步打造透明化、可视化的生产车间。

（三）未准确把握数字化转型方向

制造业的各个细分行业差异很大，处在各个产业链不同位置的企业个性化很强，数字化转型的突破口也各不相同。应把握数据化、智能化的十大发展方向，结合产业实际需求与行业环境，找准适合的方向，重视数据价值，为企业带来可见的收益。

四　企业数字化转型的思路与对策

（一）以服务产业化为目标，持续提高维保服务品质

电梯产业具有行业特殊性，一般是零部件方式出厂，在实际使用场所根据客户要求进行装配，并借助机械装置实现与土建结构的衔接。安装工作完成之后，确保无故障运行也是产业链的重要一环。数字化平台具有敏捷化安全监测和远程运维等功能，有助于实现产品全生命周期高效维护管理，能够显著提高客户体验感和使用安全性。

（二）创新特色智能产品，提高营业收入

2022 年，公司发布的新品 Vika 家用电梯结合智能终端服务系统，融合神经网络技术、深度学习技术和人工智能技术，实现电梯智能语音控制、人脸图像识别、智能信息推送等功能，更好地提供私人化定制服务，打造产品

特色，拓展延伸电梯附加值，实现产品数字化附加价值营收。展望未来，西继迅达将致力于延伸产品功能，打造家用电梯安全网。

（三）顺应5G 时代发展趋势，搭建智能电梯生态链

未来，西继迅达电梯行业 eCloud 工业互联网云平台将依靠低延时、高带宽的 5G 技术，创新融合人工智能、物联网、大数据等新一代信息技术，全维度采集电梯运行数据，通过数据清洗、处理、挖掘、存储、分析，实现智慧监管下的风险预警、快速救援、透明维保等功能，充分释放数据价值，为使用者构建安全可信赖的乘梯环境。

参考文献

应瑛等：《制度视角下的制造企业数字化转型过程：一个纵向案例研究》，《研究与发展管理》2022 年第 1 期。

赵文景：《中小企业数字化转型的现状、问题与路径》，《中国经贸导刊》2022 年第 7 期。

姚小涛等：《企业数字化转型：再认识与再出发》，《西安交通大学学报》（社会科学版）2022 年第 3 期。

B.20

万杰智能科技股份有限公司数字化转型报告

王晓杰*

摘　要：　万杰智能科技股份有限公司作为专注于食品机械制造的传统企业，面对数字经济重大发展机遇，积极进行数字化转型，立足自身制定数字化转型战略，进行研发制造模式、营销模式转型，并对产业链进行数字化整合。先后研发智能鲜湿面条机、智能熟面机等产品，实施万杰智能5G智慧未来面馆项目，构建未来面馆物联网服务平台等，最终转型升级成为集研发、生产、销售和服务于一体的国家高新技术企业，成为国内智能面制主食设备制造及服务龙头企业。为持续推进数字化转型，企业制定了明晰的进一步规划与目标，拟从完善管理观念和制度、优化经营过程评价指标体系、完善人才培养及绩效考核机制等方面予以保障。

关键词：　数字化转型　食品机械　万杰智能科技

在当今社会，“数字化”已成为最热门的话题之一。在国家层面，“十四五”规划把数字化作为推动经济社会发展的重要战略手段。在社会层面，智慧城市、智慧医疗、智慧教育等蓬勃发展，数字化技术得到广泛应用，驱动整个社会的转型。在企业层面，越来越多的企业认识到数字化技术是企业转型的重要驱动力。企业要想谋求更好的发展，就必然采用新的手段，而数

---

* 王晓杰，万杰智能科技股份有限公司总经理。

字化正是行之有效的重要手段之一。但制造业企业的数字化转型过程不是一蹴而就的，需要逐步实现。数字化转型是企业发展理念、组织方式、业务模式、经营手段等的全方位变革。做好企业战略规划是保障企业转型成功的关键，企业上云是企业数字化转型的重要途径。

一　企业数字化转型成效显著

万杰智能科技股份有限公司（以下简称“万杰智能科技”）成立于2009年，位于许昌市襄城县，一直专注于智能面制主食机械的研发、生产、销售和服务，是全国最大的食品机械生产企业之一。公司是集研发、生产、销售和服务于一体的国家高新技术企业，是国内智能面制主食设备制造及服务龙头企业。

公司先后研发智能鲜湿面条机、智能熟面机等产品，应用“智能制造+信息化”创新模式，在产品设计中采用嵌入式控制技术和网络控制技术，实现对智能面食售卖终端的自动化控制、客户交互、数据实时监控、远程参数修改、网络支付和网络营销等功能。万杰智能科技以制造业数字化转型为新的突破口，由产品经济向服务经济过渡，不仅向客户提供智能鲜面机、智能包子机、智能熟面机等产品，还向客户提供产品延伸服务，实现由设备制造商向系统解决方案提供商转变，为客户提供智慧餐厅领域专业解决方案和成熟的配套产品（智能产品、运营管理、智能服务、数据报表）。万杰智能科技依托信息网络服务平台，采用总集成总承包形式，为客户提供产品及服务，服务内容涵盖生产工艺流程设计、设备配置方案设计、生产线设备供应、安装调试、人员培训、售后服务等。

万杰智能5G智慧未来面馆项目实现设备管理、订单管理、用户管理、售后服务管理等的动态化，实现远程服务。依托远程协同服务平台，为智能熟面机等智能产品提供远程在线监测/诊断、健康状况分析、远程维护、故障处理、趋势预测等在线支持服务；开展供应链管理、专业维修总集成总承包服务，实现客户管理、面粉配送、客户设备管理、设备生产统计等功能。通过

“互联网+”技术与终端客户实现信息互联，实时了解设备使用状态，及时进行原料（料盒、耗材）补充配送，且实现设备生产数据统计分析功能，对不同地区、用户的产品产能和销售情况进行实时数据采集，为产品的维护、改进、数据服务等提供保障。万杰智能科技提供智能餐厅全套解决方案（智能产品、运营管理、智能服务、数据报表），为商家解决招工难、用工成本高的难题。搭建物联网集采平台，提供专业、可靠的供应链资源服务，缩短供应链，实现原料溯源，保障食品安全。

未来面馆物联网服务平台面向物联网数字化、网络化及智能化需求，具备资源管理、应用服务、基础技术数据智能化服务能力，赋能智能餐厅变革传统运营模式，完成后厨食品机械工业控制系统和新一代信息技术融合。实现整个平台销售、物流、设备状态等数据统一汇总分析，并由人工智能算法生成策略模板反馈至现场管理者及采购经营计划人，循环促进经营效率提升，优化成本控制，打造良性闭环发展新模式。

万杰智能科技历经 6 年打磨的物联网 SaaS 云平台，采用私有云计算框架，基于云平台核心数据管理，结合 5G、物联网、人工智能、大数据分析等新技术，向上提供各类相关终端支撑全供应链、全要素应用及管理，向下提供各类设备、服务、产品的开放式接入能力。整个平台基于多层分布式体系，并且在客户端与平台交互上采用先进的信息加密技术，在确保平台稳定性的同时，保证平台的安全性。高度抽象的元数据模型、工作流引擎模型、多层体系结构的划分与实现、开发的中间层组件接口等，使平台具有优良的性能，以及很高的稳定性、灵活性、可扩展性和可移植性。

二　企业推动数字化转型的做法与经验

（一）数字化转型的支撑保障

万杰智能科技立足自身制定数字化转型战略。作为传统的食品机械制造企业，为进一步提高产品附加值和市场占有率，万杰智能科技结合自身智能设备制造、工业控制系统研发资源优势，在国家推动制造业转型升级的战略背景下，决定实施数字化转型并提出新战略：转变企业发展模式，发展高端制造，发展附加值服务，抢占价值链高端，利用工业互联网+、物联网、大数据、人工智能技术，推动企业由以产品制造为中心向以提供产品和增值服务、最大化满足客户需求为中心转变，实现制造与服务深度融合，实现从设备生产商向服务型制造企业的转型升级。2021年，荣获河南省新一代信息技术融合应用新模式示范企业，有效提高了公司效益和竞争力。

万杰智能科技建立产供销一体化管理系统，在生产、销售、采购、仓储、财务等核心业务中导入信息化功能模块，将企业经营的三大主要流程，即业务流程、财务会计流程、制造管理流程有机融合，使各关键过程数据和业务过程融为一体，畅通部门间信息流动，实现企业跨岗位、跨部门协作。通过数据应用和智能分析实现数据共享，全面提升作业效率、管控效率，满足客户定制、多品种、小批量订单等个性化需求。

截至2022年，公司已经建立符合行业特点和业务需求的信息系统，涵盖集成总包服务中的各个节点，如销售系统中的询盘系统、CRM客户管理系统，供应协同系统中的供货价格管理、询报价管理系统、PDM产品数据管理系统，生产协同系统中的定额管理系统、生产设备管理系统、未来面馆物联网平台等（见图1）。这些系统可对客户运营的设备进行全生命周期管理。

（二）研发制造模式的数字化转型

大多数传统制造业企业的现状是：生产、研发、销售部门的运作相对较为独立，各部门缺乏深度交互，部门之间数据缺乏整合，各环节信息单一传导，反馈速度慢，难以进行高效分析。

在数字化、智能化背景下，万杰智能科技生产制造模式由直线流程式变为各业务环节互动的环式结构，实现市场需求与研发创新、生产工艺信息双向互动。公司更突出以客户为中心的生产运营模式，生产研发部门根据消费

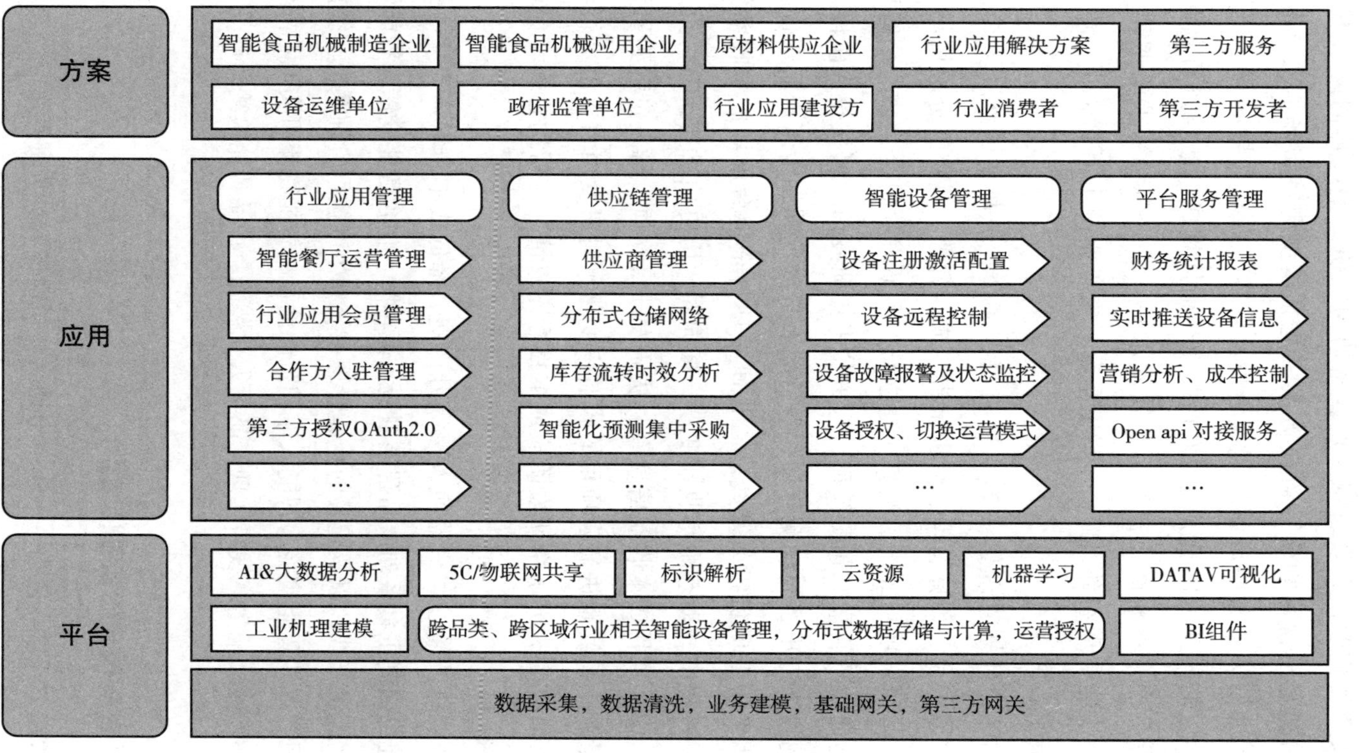
方案
智能食品机械制造企业
智能食品机械应用企业
原材料供应企业
行业应用解决方案
第三方服务
设备运维单位
政府监管单位
行业应用建设方
行业消费者
第三方开发者
应用
行业应用管理
供应链管理
智能设备管理
平台服务管理
智能餐厅运营管理
供应商管理
设备注册激活配置
财务统计报表
行业应用会员管理
分布式仓储网络
设备远程控制
实时推送设备信息
合作方入驻管理
库存流转时效分析
设备故障报警及状态监控
营销分析、成本控制
第三方授权OAuth2.0
智能化预测集中采购
设备授权、切换运营模式
Open api 对接服务
…
…
…
…
平台
AI&大数据分析
5C/物联网共享
标识解析
云资源
机器学习
DATAV可视化
工业机理建模
跨品类、跨区域行业相关智能设备管理，分布式数据存储与计算，运营授权
BI组件
数据采集，数据清洗，业务建模，基础网关，第三方网关

图1　公司信息化布局

者需求定义产品特性，高效组织生产，密切的“研产销”协同需求不断提升。公司制定经营计划管理解决方案，建立模型测算市场需求变化，对销售情况进行实时洞察，预测市场趋势。以客户需求为导向开展研发创新，科学评估研发项目经济性，对产品全生命周期成本收益进行预测。以研发指导生产，不断优化提升工艺技术水平，通过市场需求量变化预测生产量，快速合理组织生产、采购活动，与产业链上下游高效协同，构建产业链生态网。

公司的经营计划管理解决方案可应用于多个业务场景，涉及多个产品，包括数据中台、预算管理、管理报告、成本管理。具体业务应用场景有两个。一是研发项目经济性测算。建立新产品研发项目全生命周期管理机制，搭建研发项目盈利预测模型，全方位考虑研发前、研发投入阶段及量产阶段的投入产出，自动测算项目收益率及量产毛利，为新产品定价提供支持，明确研发项目投入基线。二是研发项目全生命周期成本收益管理。在研发过程中，动态跟踪收益变动，横向对比历史项目与新项目投入产出情况，建立项目成本收益信息库。从研发项目立项、研发过程到研发完成实现量产，持续跟进研发项目的收益率变化，对研发项目支出进行合理控制，使管理者充分了解研发阶段成本目标完成情况，帮助管理者更好地把控成本。

万杰智能科技通过“机器换人”提升产能、降低成本，增强产品可操作性。已建成面制主食系列产品智能制造示范车间，包含智能仓储、智能物流和智能装配生产线，以及配套的仓储管理系统和生产执行管理系统。智能仓储可实现零部件智能检验、智能入库和智能储存；智能物流可实现零部件智能流转；智能装配生产线可实现产品无人化装配、产品智能检测和产品自动包装。

（三）营销模式的数字化转型

公司营销方式以直销为主、经销为辅。公司销售人员负责开拓市场和联络客户，合同的签订、设备的安装及服务均由公司直接进行。公司主要通过与客户洽谈，以议价方式实现销售。公司获取客户的方式和渠道如下。

一是 CRM 客户管理系统。针对海量询盘信息采用精准化管理方式，提高信息转化率，使单条信息成本下降 30%，不仅降低了营销成本，还实现了精准营销。

二是网络销售平台。公司所有产品核心关键词都实现免费排名进入百度首页，智能鲜面机、智能熟面机、馒头生产线等关键词在首页出现 3 次，初步实现“小霸屏”效果。充分利用网上购物平台，在淘宝网开设天猫旗舰店和淘宝企业店，在阿里巴巴网站开设阿里巴巴店铺和阿里巴巴国际站，在百度爱采购网站开设店铺。

三是网络传播。通过抖音、快手、微信视频号、头条视频号等传播平台进行公司宣传及产品推广，建立公司微信公众号提供客户服务，依靠产品及服务品质形成市场口碑驱动销售。

（四）产业链的数字化整合

万杰智能科技建立以客户为中心、线上线下融合的新商业模式，培育以客户价值为中心的综合服务能力。公司不仅包含传统生产端的业务，而且囊括营销端和交付端的业务。品牌用来定义需求，公司不仅是自身传统产品的销售平台，也是相关产品和服务的零售平台。伴随业务模式的转变，公司需要夯实个性化服务、产品定制及交易模式等运营基础，满足企业内部生产端、营销端、交付端的数据信息供给需求，构建新型商业化运营平台。

公司通过线上集采平台，实现上游供应、中游服务、下游消费三种场景平台互联，对消费信息进行分析，实现数据沉淀，以培训和展示为场景，以管理咨询为实现收入的手段，在满足自身经营管理需求的基础上，服务生态链所有环节。开辟上下游连接渠道，助力原料采购供应，在供应端制造更多利润。为满足以上需求，需要多家食品加工厂和食品配套企业同时供应原料，推动形成规模庞大的食品业加工集群，并为食品加工企业带来每年 12 亿元以上的可观收益。

三　企业持续推动数字化转型的思路与对策

未来，万杰智能科技将持续加强智能信息化技术研发和完善，加大资金投入力度，加速物联网、云计算等新技术与制造环节的融合，提升装备数字化、智能化水平，推动加工制造业向服务型制造业和生产性服务业转型升级，搭建行业级工业互联网平台。

（一）制定明晰的规划和目标

万杰智能科技未来将在多渠道平台用户、多层次场景需求、多元化内容和多形式入口的条件下，突破行业边界，通过共享经济模式快速形成主食品牌影响力，构建新型现代化主食生活方式。持续“推倒围墙”，整合物联网技术、金融、数据、技术标准等要素，将未来面馆物联网服务平台升级为公共服务平台，为合作伙伴提供产品设计、研发、标准、物流、交易、金融等服务。公司将重点发展智能无人售卖、智能主食设备等系列产品，占据智能主食设备市场主导地位。搭建智能主食装备行业工业互联网服务平台，打通智慧餐厅运营的所有环节，获取订单信息、产品信息和物流信息。该平台为农产品生产加工供应链主体、要素和环节赋能赋智，精准定位万杰智能科技的“服务型制造+信息化”发展模式，为客户提供新一代智慧餐饮整套解决方案。公司结合食品安全和智慧餐厅发展需求，用智能技术持续推动主食装备智能化升级，为国家主食产业化和主食安全做出更大贡献。

（二）完善体制机制关键保障

首先，完善管理观念、管理制度。万杰智能科技内部技术创新氛围浓厚，但管理水平有待进一步提高。万杰智能科技鼓励公司管理人员迎难而上，积极推进企业内部管理制度等的数字化转型升级。其次，优化经营过程评价指标体系。通过优化经营过程评价指标体系，正确判断企业实际经营水平，提高经营能力，完善企业管理体制机制，从而增加企业的整体效益，不断提升企业核心竞争力。最后，完善人才培养及绩效考核机制。万杰智能科技积极在人才引进和培养、绩效考核等方面进行系统化变革，逐渐形成客观、公平、公正的良性人才引进与培养体系，逐步完善人才教育培训体系。

参考文献

李勇坚：《中小企业数字化转型：理论框架、国际经验和政策建议》，《经济论坛》2022 年第 8 期。

丁永刚：《我国传统服务业企业数字化转型：路径选择和对策建议》，《浙江工商职业技术学院学报》2022 年第 2 期。

康芸：《加快传统产业企业数字化转型》，《宏观经济管理》2022 年第 6 期。

徐向龙：《数字化转型与制造企业技术创新》，《工业技术经济》2022 年第 6 期。

B.21
郑州大信家居有限公司数字化转型报告

庞学元*

摘 要： 面对席卷经济社会各方面的数字化浪潮，郑州大信家居积极拥抱数字化转型，及早进行信息化、网络化、智能化改造，逐步成长蜕变为智能家居行业的领航者。郑州大信家居重塑企业经营活动观念、活动方式、组织模式等，综合运用各类数字技术，以“模块化思想”为核心，以“分布式”为生产方式，以自主研发的软件为信息化、数字化支撑，在大幅提升生产效率的同时实现大规模个性化定制。在推进数字化转型过程中，企业遇到了个性化设计市场需求不易满足，设计到生产全链条应用软件开发受到国外限制等问题，下一步拟从加大国产工业设计软件的开发应用力度、构建家居个性化定制基础平台、以工业旅游带动产业发展等方面寻求突破。

关键词： 数字化转型 智能制造 模块化

郑州大信家居有限公司（以下简称“大信家居”）成立于1999年，企业成长过程中及时抓住数字经济发展的时代变革机遇，高度重视数字化转型，突出模块化思维，开发个性化定制工业软件，逐步在家居定制领域领先全国。近年来，入选国家智能制造试点示范项目企业、国家服务型制造示范

---

* 庞学元，郑州大信家居有限公司董事长。

企业、国家高新技术企业，成功打造国家级工业设计中心等，原创产品设计多次获得国内外大奖，发展模式被清华大学纳入中国工商管理案例并成为哈佛大学共享案例。

一　企业数字化转型取得明显成效

与其他定制家居企业相比，大信家居数字化、智能化转型最大的特点是以“模块化思想”为核心，以“分布式”为生产方式，以自主研发的软件为信息化、数字化支撑，实现了大规模个性化定制，综合成本降至行业平均水平的1/2（见表1），充分实现降本、提质、增效的目的。2018年11月，大信家居作为唯一的家居行业企业，其模式入选了中国国家博物馆展出的“伟大的变革——庆祝中国改革开放四十周年成就展”。

表1　大信家居数字化转型效率提升情况

单位：%

序号	指标	计算方法	数值
1	运营成本降低	运营成本降低比例	45
2	产品升级周期缩短	产品升级周期缩短比例	50
3	生产效率提高	人均产值提升比例	25
4	交付周期提高	产品生产周期缩短比例	75
5	产品不良率降低	年产品不良率降低比例	90
6	库存周转率提升	库存周转率提升比例	53
7	板材利用率提升	板材利用率提升比例	23
8	单位产值能耗降低	单位产出能耗降低比例	28

大信家居全屋家具大规模个性化智能制造模式实现四个转变。一是经营活动观念转变。大规模个性化定制以顾客满意为中心，经济数学模型求的是消费者满意的最大公约数，个性化定制求的是每一个消费者完全满意的总和。二是经营活动方式转变。从先产后销转变为先销后产，零金融风险、零库存风险，使个性化定制活动具备了供应链金融的全部要素，成为社会生产

和金融体系的健康基因成员。三是经营模式转变。个性化定制的边际成本低、边际效率高、边际效益好，顾客满意度充分提高，实现社会资源节约，社会效率大幅提升，社会经济生态风险大幅降低。四是企业经营组织转变。企业组织结构转变为扁平的平台结构，较好地提高了决策科学性、客观性，以及执行的精准性等。

二　企业数字化转型的模式和经验

（一）主要做法

大信家居全屋家具大规模个性化定制模式，以“梦模块+梦工厂+云设计”为核心，以“分布式、模块化”为生产方式，全面实现设计、生产和分拣的协同。

工厂采用云计算、大数据、互联网+、物联网、智能传感、虚拟现实、自动控制等智能制造技术，以及 ERP 系统、OA 系统、订单系统、3D CAD、WMS、门户网站、DIY 设计、云端系统、O2O 新零售等智能制造应用技术，实现智能制造技术创新、模式创新、形态创新。

建立云设计平台，实现场景化、体验式、交互个性化定制设计，并以 VR 技术模拟仿真效果。在企业终端店面，消费者可通过云设计平台的全国各地小区户型大数据库调取属于自己的户型，一键生成平面和立体户型图；通过调用企业模块数据进行模块化组合设计，快速完成方案设计，同时实现 VR 沉浸式体验；终端店面直接将设计方案传至企业云计算中心，通过具有自主研发能力的鸿逸软件系统，自主运算转换为工厂生产指令，并分配给各智能化生产单元；利用先进的智能装备实现生产要素关联型创新跨界整合，使用二维码技术、红外线智能识别技术，还原工业化模块和个性定制部件，生产满足个性化定制要求的全部内容；入户安装，完成全部流程，实现个性化产品的工业化、大批量、模块化、大规模定制。

目前，大信家居拥有近 3000 个标准模块，设计端可调用企业的产品模块进行任意组合，实现定制家居产品的无限制设计（有限模块无限设计），满足消费者的个性化需求；生产端摒弃传统的流水线生产模式，首创分布式生产方式，通过不同生产单元的大批量生产（生产过程工业化、最终产品个性化），实现生产效率最大化；信息化、数字化支撑端使用企业自主研发的鸿逸工业设计软件，实现“拆单”无人化、“一键下单”等多项功能，贯穿从方案设计、报价生成到工厂生产所有流程，实现个性化设计的智能化、简易化、零售化。

在生产方面，大信家居实现订单、生产、物流的集中协同。通过集成云设计系统、客户订单系统（销售终端与后台主控系统）、ERP 系统、智慧物流系统、条码系统和升级的智能设备控制系统，实现订单、生产、物流分拣与配送的集中协同，加快业务信息的流转速度，提升信息的准确度，进而提高企业运营效率，降低个性化产品制造成本，为大规模生产奠定良好的基础。

（二）技术实现方案

大信家居以构建企业级主干网络、工厂工业级互联网等为集成渠道，以大数据、云计算、互联网+、虚拟现实（VR）、射频识别（RFID）等新一代信息技术为突破口，打造以顾客为中心的设计、制造、服务“三位一体”大规模个性化智能制造模式（见图 1）。

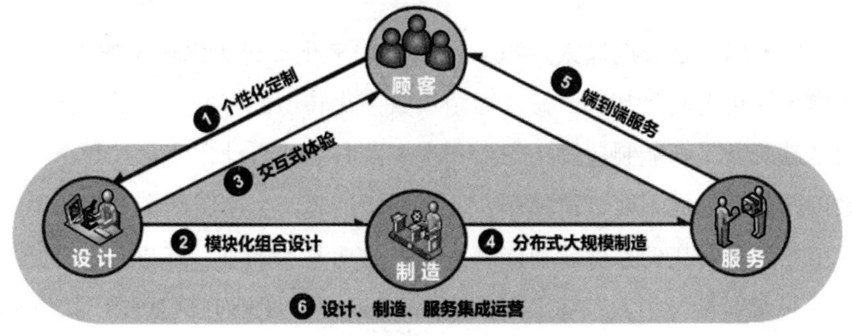

图 1　以顾客为中心的“三位一体”大规模个性化智能制造模式

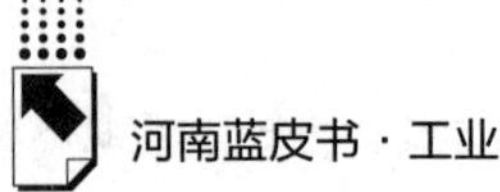

该模式主要包括以下六大内容。一是建立模块化设计平台，基于产品基础数据研究、挖掘与应用，实现产品模块化设计和个性化组合。二是建设基于云端的定制家居 DIY 一键设计平台，实现用户在设计环节的深度参与和体验。三是建设数字化生产与运营管理平台，实现对个性化订单的跟踪与管控。四是建设智慧物流管理平台，实现订单的智能分拣。五是实现云端和关键数控设备的互联互通。六是建立集成 ERP 系统和 MES 等的个性定制服务平台，全面实现各个环节与系统的协同和集成。

大信家居以公司战略实现为目标，综合采用云计算、大数据、互联网+、物联网、人工智能、机器学习、智能传感、虚拟现实、自动控制等智能制造技术，以及 ERP 系统、OA 系统、订单系统、3D CAD、WMS、门户网站、DIY 设计、云端系统、O2O 新零售等智能制造应用技术，形成分布式模块化智能制造模式（见图 2）。具体表现为：一是通过家居模块化三维设计与建模、家居个性化定制虚拟展示、面向顾客的一键 DIY 设计等功能，实现家居个性化定制和用户交互式体验；二是通过模块化组合设计指引家居产品的分布式模块化大批量制造；三是通过核心智能制造装备应用、数字化生产管理，提升工厂制造水平与能力；四是通过现代化智慧物流、O2O 模式新零售、现场远程运维服务等实现端到端全方位服务。

（三）经验总结

大信家居经过长期摸索，积累了关于数字化、智能化转型的系统经验。大规模个性化定制是基础，是家居企业数字化转型的标准。针对所在行业特点的基础研究是智能制造的出发点和根本落脚点。自动化流水线与个性化定制难以兼容，因此不要弯道超车，一定要换道超车，弯道超车充满风险。产品的市场竞争力高低是检验智能制造模式成功与否的唯一标准，“两提高三降低”是必要指标。大信家居生产效率得到大幅度提升，从工厂接到顾客的个性化定制方案到产品出厂最慢需要 4 天，而国内国际同行需要 18~45 天的时间；大信家居个性化定制智能制造的用材率为 94%，国内外定制家居

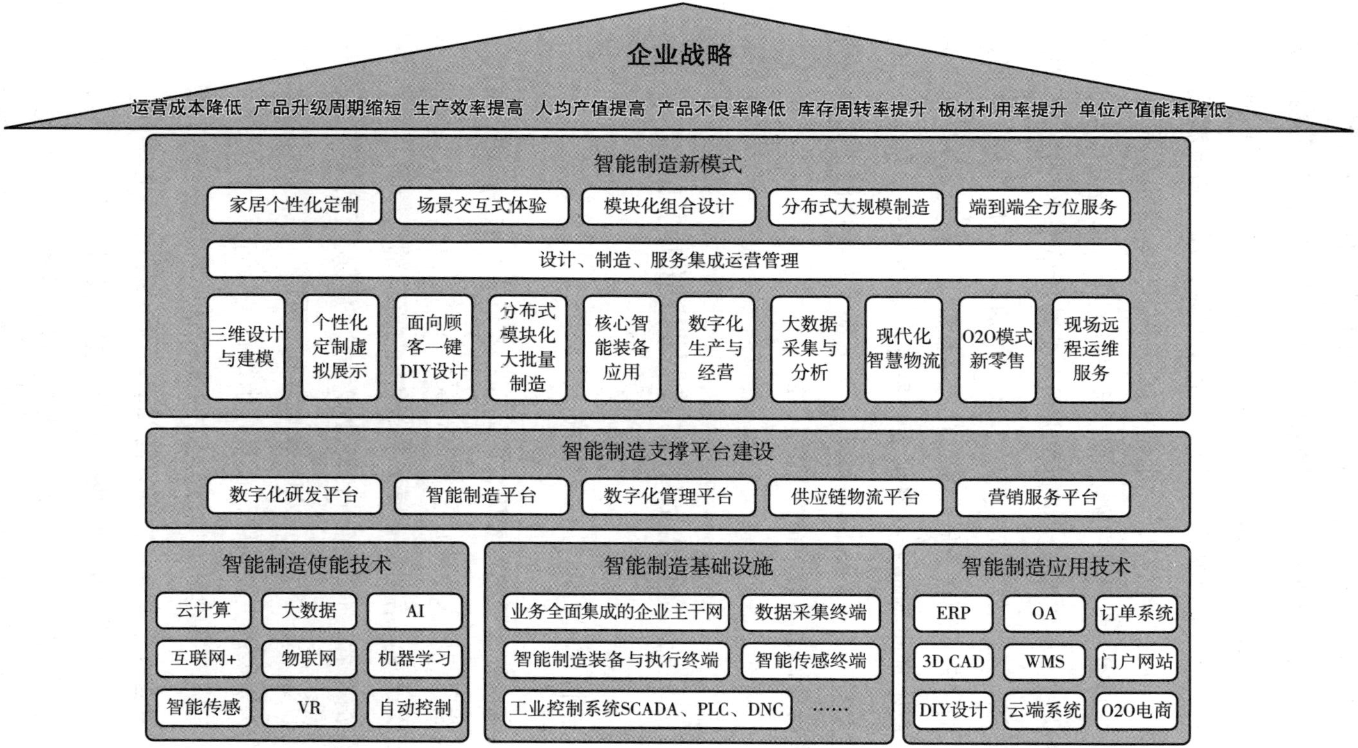

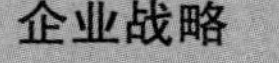

图 2　大信家居分布式模块化智能制造模式总体技术路线

同行先进水平是76%，高出18个百分点，比预先设计然后大批量生产的传统家具行业89%的用材率高5个百分点。以往，家居产品从研发到投放市场需要3~5个月，大信个性化定制家具以工业设计为驱动，采用划时代的即时设计、即时生产方式，突破以往家居企业的设计周期和流程瓶颈，形成“大信大规模个性化设计模式”。定制家居产品不良率合格水平为6%~8%。一般企业需要将图纸拆分成部件，存在大量的人为拆单错误，大信家居运用独有的模块化技术和软件，无需拆单人员，避免拆单带来的错误，产品不良率控制在0.3%，是世界领先水平的1/20。特别应该指出的是，大信家居智能制造技术的优势表现在家居产品综合成本控制上，截至2017年10月，大信家居综合成本是同品质定制家居企业先进水平的50%左右，是传统家具的85%。从某种意义上讲，大信模式是一个基于互联网的平台，这种模式对传统家具行业而言具有革命性和替代性。

三　企业数字化转型遇到的问题

（一）个性化设计瓶颈有待突破

在大信家居终端服务专卖店，设计师主要依靠和顾客沟通了解顾客的个性化需求，然后调用大信设计平台中的模块为顾客进行个性化设计。正常情况下，一名受过专业培训且有美学基础和设计经验的设计师，一个月最多能服务4~7位消费者。而培养一名专业设计师的周期短则1年、长则3年，培养设计师的效率远远低于企业的最低要求。所以，终端设计展示已经成为制约企业快速发展的主要问题，而且是亟待解决的问题。针对这个问题，企业正在着手研究“一键设计”软件。“一键设计”软件融合人工智能、大数据分析、逻辑运算等技术，顾客只需要输入风格喜好、颜色喜好、居住功能需求等信息，即可“一键”生成若干套成型的设计方案由顾客任意挑选。如此一来，即可实现设计零售化，大大提高设计效率，从而快速实现对消费者的一站式服务，为企业快速实现百亿目标奠定坚实基础。目前，该“一键设计”软件正在研发当中，企业投入大量的人力、物力，已取得初步成效，预计还需要 1~2 年的时间进行完善。

（二）设计到生产的全链条应用软件尚未国产化

实现大规模个性化定制的前提是实现大规模个性化设计，而大规模个性化设计需要强大的工业图形软件支撑。此前，只能使用国外的效果展示渲染软件（3ds Max、Maya）和工程制造类软件（Auto CAD、UG、Pro/E）完成设计，这两类软件源代码不兼容、不互通，造成虚拟展示与工程制造无法互联互通，导致个性化设计与制造之间出现交互壁垒。而且这两类软件的开发技术由国外垄断，为了打破垄断和壁垒，亟须研发从设计到生产全链条的国产化应用软件。

四 企业持续推动数字化转型的思路与对策

（一）加大国产工业设计软件的开发应用力度

基于国产软件应用的痛点，企业早在 2005 年就下定决心，整合社会相关研发力量，从工业软件源代码和基础架构做起，进行不懈的研发攻关，经过十余年的努力，目前已取得重大突破。研发的软件不仅可以独立进行 2D 绘图、3D 建模设计、渲染，还能直接输出工程制造数据，实现了效果展示与工程制造之间的高效智能转换，实现了设计端与生产端的无缝衔接，大大提高了企业的生产效率和设计效率，降低了成本，核心竞争力优势显著增强。

（二）构建家居个性化定制基础平台

家居个性化定制基础平台满足设备连接、用户管理、数据存储和分析、模型设计与可视化、人工智能等多个方面的基础需求。大信家居通过搭建平台，建设完整的、唯一的家居行业大数据中心。大数据中心涵盖大量的消费者消费行为数据、全国各地小区户型数据以及海量设计师信息和设计方案数据。依托大数据中心，大信家居为行业的每一个环节赋能。家居个性化定制基础平台可采集消费者行为数据，包括客户消费习惯、消费能力、居住空间需求、性格特征、兴趣爱好、当地文化等，生成客户画像，作为家居行业大数据中心的重要数据来源之一。该平台通过收集、整理、分析来自顾客、生产、设计、产品等层面的数据，不断整理、优化、更新、升级标准模块、业务模式等，为大信家居建设智能工厂、实现智能制造提供有力支撑。

（三）以工业旅游带动产业发展

大信·家设计工业旅游景区于 2011 年投入运营，实现每年接待各界参观游客超过 10 万人次，联动新乡市原阳生产基地，每年接待游客可超过 30 万人次，目前为国家 AAA 级工业旅游景区。下一步，大信家居将继续深化发展工业旅游模式，积极创建国家 AAAA 级工业旅游景区，让工业旅游产生更大的经济效益和社会效益。

参考文献

王小林、杨志红：《高质量发展视角下企业数字化转型的机理》，《求索》2022 年第 4 期。

赵玲、黄昊：《企业数字化转型、供应链协同与成本粘性》，《当代财经》2022 年第 5 期。

安家骥、狄鹤、刘国亮：《组织变革视角下制造业企业数字化转型的典型模式及路径》，《经济纵横》2022 年第 2 期。

Abstract

This book is compiled under the auspices of Henan Academy of Social Sciences, with the theme of "Accelerating Digital Transformation". It analyzes the overall situation and main features of Henan's industrial economy in 2022, makes a judgment on the situation facing Henan's industrial development in 2023, and makes a forecast and outlook on industrial economic trends. This book is divided into five parts: general report, special topics, industry reports, regional reports and enterprise reports, which puts forward ideas and countermeasures to accelerate the high-quality development and digital transformation of Henan industry from multiple levels.

The general report, written by the group from the Institute of Digital and Industrial Economics, Henan Academy of Social Sciences, represents the basic view of the book on the operating situation and development trend of Henan's industrial economy from 2022 to 2023. The report believes that since 2022, facing the triple pressure of demand contraction, supply shock and expected weakening, Henan's industrial economy generally presents the characteristics of "stable start, pressure rebound, high-tech leading and investment intensification". In 2022, it is estimated that the growth rate of industrial added value above designated size in Henan will be 6%. In 2023, Henan's industrial development will face a more complex internal and external environment. It is expected that the growth rate of industrial added value above designated size will remain at about 6%, showing a development trend of "steady growth, accelerated transformation, active innovation and quality improvement".

The remaining four parts of this book focusing on the analysis of the general situation of Henan industrial digital transformation, industry characteristics, regional performance and typical cases of enterprises, studying the effectiveness, experience and problems of Henan industrial digital transformation, and putting forward suggestions to accelerate digital transformation. The special topics is carried out from the perspectives of industrial Internet, industrial digitization, digital industrialization, digitization of private enterprises, digitization of state-owned enterprises, digitization of county manufacturing industry, etc. The industry reports mainly puts forward suggestions on digital core industry development, digitization of equipment manufacturing industry, digitization of new energy automobile and development of meta-universe industry, etc. The regional reports conducts an in-depth study on the digital transformation trend of manufacturing industry in Zhengzhou, Luoyang, Kaifeng, Xinxiang and Shangqiu. The enterprise reports has conducted a case study on the digital transformation of five enterprises, including CITIC Heavy Industries and Xuji Group.

Keywords: Henan industry; High Quality Development; Digital Transformation; Industrial Upgrading

Contents

I　General Report

Abstract: Since 2022, facing the triple pressure of demand contraction, supply shock and weakening expectations, Henan's industrial economy has generally shown the characteristics of "stable start, rebounding under pressure, high-tech leading and investment intensifying". In 2022, it is estimated that the growth rate of industrial added value above designated size in Henan will be 6%. In 2023, Henan's industrial development will face a more complex internal and external environment. It is expected that the growth rate of industrial added value above designated size will remain at about 6%, showing a development trend of "steady growth, accelerated transformation, active innovation and quality improvement".

Keywords: Henan Industry; High Quality Development; Digital Transformation

Ⅱ Special Topics

Abstract: In the era of digital economy, the industrial Internet has become the key support for the digital transformation of manufacturing industry. Inrecent years, Henan Province has continued to promote the development of industrial Internet, and has made certain achievements in the construction of platform system, the cultivation of key platforms, and the construction of secondary nodes of the industrial Internet identity analysis. However, the development of industrial Internet in the whole province is still at the initial stage of exploration, facing such constraints as insufficient supply capacity of industrial Internet, insufficient large-scale application of small and medium-sized enterprises, and insufficient talent reserve. We should fully release the development potential of the industrial Internet and accelerate the digital transformation process of Henan's manufacturing industry by improving top-level design, deepening integrated application, strengthening platform introduction and training, and improving the security system.

Keywords: Industrial Internet; Manufacturing Industry; Digital Transformation

Abstract: In recent years, Henan has actively implemented the digital transformation strategy, and digital technology innovation has provided the inner driving force for the deep integration development of modern service industries and advanced manufacturing industry in Henan, and new modes of integration development such as service-oriented manufacturing and service-derived manufacturing have continued to emerge, but as the development of digital economy is still in its initial stage, the catalytic effect of digital transformation on the deep integration development of modern service industry and advanced manufacturing industry has not yet been given full play. However, as the develo-pment of digital economy is still in its initial stage, the catalytic effect of digital transformation on the development of deep integration of modern service industry and advanced manufacturing industry has not been given full play. Henan needs to take the digital transformation strategy as a grip to accelerate the deep integration of modern service industry and advanced manufacturing industry.

Keywords: Digital Economy; Integration of Two Industries; Service-oriented Manufacturing; High Quality Development

Abstract: Digital industrialization and industrial digitalization have a synergistic evolution relationship of mutualism and mutual coupling. As the core part of the digital economy, the coordinated development of the two is of great significance for improving the efficiency of digital transformation. Henan attaches great importance to the digital economy. In recent years, the construction of information infrastructure has been effectively improved. The digital core industry has shown a trend of concentrated development in Zhengzhou, Luoyang and other places. The process of industrial digital integration development has been continuously promoted, and has achieved phased results. According to the analysis of the internal relationship between digital industrialization and industrial digitalization and different development logics, in order to effectively implement the digital transformation strategy in the future and fully release the growth vitality of digital economy, it is necessary to start from the perspectives of key breakthroughs in digital industrialization in the province with unbalanced layout, promoting the in-depth development of industrial digitalization in the province in all dimensions, and building a multi-level system ecological soft environment, Promote the further coordinated development of Henan's digital industrialization and industrial digitalization.

Keywords: Digital Industrialization; Industrial Digitalization; Synergistie Evolution

B.5 Research on The Digital Transformation of Henan Private Enterprises

Liu Xiaoping / 053

Abstract: As an important source of financial revenue, an important subject of business innovation, and an important source of private investment, private enterprises are an important support for the economic development of the province and play an important role in promoting economic development, industrial upgrading, scientific and technological innovation, and social progress. At present, the digital economy has become a new engine for high-quality development of regional economy. The digital transformation of private enterprises will help stimulate the new momentum of provincial economic development and open up new space for economic development. Based on this, this paper systematically combs the basic status quo of the digital transformation and development of private enterprises in the province, deeply analyzes the obstacles and problems in promoting the digital transformation of private enterprises at present, and puts forward five transformation suggestions, namely, changing thinking, clarifying the path, strengthening the chain, building a benchmark, and building an ecosystem.

Keywords: Private Enterprise; Digital Transformation; Henan

Abstract: Henan takes the development of the digital economy as a key move to enhance comprehensive competitive strength. As the backbone of Henan's economic development, state-owned enterprises play a supporting and exemplary role in promoting Henan's digital transformation. Aiming at the problems existing in the digital transformation of state-owned enterprises, it is suggested to attach importance to digital strategic value, implement more powerful strategic and operational control measures, and pay attention to the development and utilization of data resources and value mining, so as to comprehensively promote the deep integration of digital economy and real economy. This is an important way to strengthen and optimize the capital and state-owned enterprises of large countries, which will help create a new situation for the reform and development of state-owned assets and enterprises, cultivate state-owned assets and enterprises to become the front-runner of implementing digital transformation strategy.

Keywords: State-owned Enterprises; Digital Transformation; Henan

Abstract: The county manufacturing industry is an important cornerstone of Henan's industrial high-quality development and a potential growth area. With the development of the fourth industrial revolution driven by digital technology in high gear, the county manufacturing industry in Henan urgently needs to make positive progress in the field of digital transformation and upgrading during the 14th Five-Year Plan Period. This report analyses the strengths and weaknesses of the digital development of the county manufacturing industry in Henan, and explores the digital paths suitable for the local manufac-turing industry in terms of top-level design, digital infrastructure, service platforms and talent echelons, which is of reference significance for Henan to improve the development of the county manufacturing industry and build a "strong digital province".

Keywords: Manufacturing Industry; County Economy; Digital Transformation; Henan

Ⅲ Industry Reports

B.8 Ideas and Suggestions for the Development of Core Industries in Henan's Digital Economy *Han Shuyu* / 084

Abstract: The development of digital economy has been elevated to a national strategy. The digital economy as a new economic form is becoming an important force leading economic and social development. In the era of digital economy, Henan's digital economy development is facing opportunities and challenges. How to seize the new track of digital economy development and seize the major opportunities of digital economy development is a major issue that Henan needs to explore at present and in the future. Therefore, it is necessary to dig into the problems of the core industries of Henan's digital economy based on the definition of the core industries of the digital economy in *the Statistical Classification of the Digital Economy and its Core Industries* (*2021*).

And based on the current development status of Henan's digital economy, further compile ideas on the development of the core industries of the digital economy from the aspects of innovation-driven, cluster development and digital-real integration, and provide constructive suggestions for the development of Henan's digital economy.

Keywords: Digital Economy Core Industries; Digital Industrialization; Henan

Abstract: The metaverse is an important vision for the digital economy as a new type of virtual and real Internet application and social form that integrates multiple information technologies. In order to implement the digital transformation strategy, Henan has taken the lead in developing the metaverse industry. However, Henan is still shallow in metaverse-related technology deposits, and problems such as inadequate industrial mechanisms, insufficient digital human resources and scattered cooperation between industry, academia and research are prominent. This report explores the mapping of Henan's meta-universe industry and the strengths and weaknesses of its development by analysing the metaverse industry, and put forward the combination of strategies such as policy support, technology attack, application expansion, ecological optimization and talent attraction and cultivation to help the development of metaverse industry.

Keywords: Metaverse; Digital Economy; Industrial Upgrading; Henan

Abstract: Equipment manufacturing industry is the pillar industry to promote the economic development of Henan Province, equipment digitalization is the root of manufacturing digitalization. In the province firmly implement the provincial party committee deployment, vigorously implement the digital transformation strategy, Henan Province equipment manufacturing industry digital transformation to promote more rapidly, but there are still many choke points and shortcomings. According to the research, it is necessary to further strengthen the support in the aspects of government policy, talent fund, industrial ecology and technological innovation, accelerate the digital transformation of Henan equipment manufacturing industry, and realize the high-quality development of Henan digital economy and equipment manufacturing industry.

Keywords: Equipment Manufacturing Industry; Digital Transformation; Henan

Abstract: Inrecent years, Henan's new energy vehicle industry has developed rapidly in recent years, Henan has become a region with better development of domestic new energy vehicle industry. However, the industrial development mode is still traditional, the level of industrial digitalization is not high, and the gap with developed regions is large, which has begun to hinder the healthy and sustainable development of the industry. Therefore, government relevant departments should further introduce policies to encourage industrial digitalization transformation, and relevant enterprises should actively carry out technology research and development, implement the digital transformation strategy, and finally achieve the digital transformation of Henan new energy vehicle industry.

Keywords: New Energy Vehicle; Digital Transformation; Henan

Ⅳ Regional Reports

Abstract: Industrial manufacturing is a strategic pillar industry in Zhengzhou. The new generation of information and network technology is deeply integrated with the manufacturing industry. Zhengzhou insists on taking digital transformation as the main direction of high-quality development of manufacturing industry, vigorously promotes intelligent transformation, network application and integration development projects, and has achieved certain results. This report introduces Zhengzhou manufacturing industry digital transformation path around the areas of system design, industrial internet, enterprise cloud, and service optimisation, providing experience and practical support for the transformation of Henan from a large manufacturing province to a strong manufacturing province. Finally, it proposes measures for the transformation and upgrading of Zhengzhou's manufacturing industry: smart manufacturing, platform support, new digital infrastructure, innovation ecology, and focus on talents, etc., to provide reference for the construction of a "strong digital city".

Keywords: Manufacturing Industry; Digital Transformation; Industrial Upgrading; Zhengzhou

Abstract: Luoyang has taken digital transformation of manufacturing enterprises as a grip, accelerated the integration of Internet, big data, 5G technology and manufacturing industry, actively transformed from "Made in Luoyang" to "Made in Luoyang", and continuously improved the new ecology of digital industry integration. However, there are still challenges in the digital transformation of Luoyang's manufacturing industry, such as the openness of innovation, the old awareness of enterprises and the unbalanced development of informationization. This report summarizes the experience and initiatives of digital empowerment in Luoyang's manufacturing industry, suggests focuses on the working mechanism, industrial chain upgrading, project construction, ecological cultivation and service capacity to further deepen the "integration of two industries" and build a new highland of digital economy.

Keywords: Manufacturing Industry; Digital Transformation; Luoyang

B.14 Research Report on Digital Transformation of Manufacturing Industry in Kaifeng

Su Dechao, Hui Li, Wang Peng and Tian Wan / 146

Abstract: Promoting digital transformation is the current strategic initiative for the high-quality development of regional manufacturing industry. Kaifeng seizes the historical opportunity of implementing digital transformation strategy in Henan Province, unswervingly takes intelligent manufacturing as the main direction, accelerates the process of digital transformation of manufacturing industry, promotes industrial technology change and optimization and upgrading, drives the "reform" with "innovate", the industrial structure has been improved, the enthusiasm of transformation of enterprises has been improved, and the industry demonstration has advanced rapidly, and the manufacturing industry has played an important supporting role in the high-quality development of the city's economy. This report summarizes the replicable lessons and puts forward corresponding policy suggestions for the problems of weak enterprise awareness, thin industrial base and imperfect system.

Keywords: Manufacturing Industry; Digitization; Intelligence

B.15 Research Report on Digital Transformation of Xinxiang Manufacturing Industry

Du Jiawu, Song Guangxu, Zhang Sufang and Mao Yixuan / 156

Abstract: At present, a new round of scientific and technological revolution and industrial change is emerging in the world, and digital transformation of manufacturing industry has become an important grasp to enhance competitiveness and cultivate new dynamic energy in various places. Taking into account local conditions, Xinxiang has taken digital transformation of manufacturing industry as a leading and strategic project. A set of "combination fist" has been made around top-level design, demonstration drive, factor guarantee, service supply, external cooperation, publicity and training. This report compares the experience and initiatives of digital transformation of Xinxiang manufacturing industry, and puts forward relevant suggestions for the problems of shallow data mining, weak industrial support, low digital literacy and little talent gathering, and continues to make efforts to drive the high-quality development of Xinxiang's manufacturing industry with informationi-zation.

Keywords: Manufacturing Industry; High Quality Development; Digitization; Xinxiang

Abstract: Along with the rapid evolution of the digital economy, promoting digital transformation is an important step to drive the quality and upgrade of the manufacturing industry and strengthen the core competitiveness of the region. At present, Shangqiu City insists on taking the high-quality development of manufacturing industry as the main direction, focuses on promoting the deep integration of manufacturing industry digital industrialization and industry digitization, strengthens the infrastructure construction, and achieves certain results and accumulate some experiences in improving the digital level of manufacturing industry. However, due to the thin base, late start, weak technology and little application, Shangqiu City is facing the difficulties of manufacturing transformation。 It is suggested that focusing on infrastructure, core industries, integration applications, digital governance capabilities, digital ecology, talent training and other areas to implement the digital transformation measures in detail.

Keywords: Digital Transformation; Manufacturing Industry; Shangqiu

V Enterprise Reports

Abstract: Facing the trend of rapid development of information technology and the deep integration of digital industrialization and industry digitization, CITIC Heavy Industry actively responds to the national planning and deployment of digital transformation of state-owned enterprises, actively solves the problems of digital transformation of discrete manufacturing, and explores the new mode of intelligent manufacturing of discrete heavy equipment. CITIC Heavy Industries has built a digital R&D and design platform to realize collaborative product design; deployed and implemented 5G new industrial network to realize interconnection of human, machine and object; built a digital manufacturing platform to gradually realize intelligent manufacturing; built an industrial Internet platform for mining equipment to empower digital transformation of the industry and other aspects to form an overall technical solution for digital transformation of the industry. In the future, CITIC will actively promote digital industry, create a benchmark for intelligent industrial applications, focus on 5G technology application research, explore "5G + industrial Internet" application scenarios, and continue to practice industrial digital transformation.

Keywords: Discrete Manufacturing; Intelligent Manufacturing; CITIC Heavy Industry

Abstract: As a leading enterprise in the domestic energy and power equipment manufacturing industry, XUJI Group comprehensively grasps the opportunities of the new round of technological revolution and industrial change, responds to the strategic deployment of the national and provincial committees and governments, and takes digital transformation as the key hand to achieve its own high-quality development in reform and transformation.

XUJI Group will continue to improve top-level planning and coordinate digital transformation; improve infrastructure and build a firm digital foundation; focus on business synergy and innovate operation system; focus on technology research and enhance competitiveness; promote intelligent manufacturing and establish demonstration factories; promote external cooperation and cultivate industrial ecology, etc. We will give full play to the role of digital economy driving leadership and value creation, and inject new momentum into the production and operation of the enterprise and innovation development. In the future, the company will overcome difficulties and continue to promote digital transformation by promoting the transformation of development kinetic energy, focusing on technological innovation breakthroughs, improving new infrastructure construction and promoting the transformation and upgrading of intelligent manufacturing.

Keywords: Power Equipment; Intelligent Manufacturing; Xuji Group

Abstract: In recent years, the innovation ability of new generation information technology such as big data, artificial intelligence, cloud computing and block chain has been greatly improved, and the foundation of digital transformation has been consolidated. Facing the dilemma of cyclical decline in the elevator industry, Xunta Elevator Co. , Ltd. has actively carried out digital reform, based on the development foundation, and gradually promoted the comprehensive digital transformation of its pre-sales management, supply chain management, production management, elevator installation management and other businesses to realize the upgrade from production-oriented to "manufacturing + service", and was selected as one of the 2021 The company has been selected as one of the 2021 provincial service-oriented manufacturing demonstration enterprises. In the future, the company will further clarify the direction of reform with intelligent manufacturing, and continue to improve the quality of maintenance services with the goal of industrialization of services; continuously innovate intelligent products to improve operating income, and build an intelligent elevator ecological chain in line with the development trend of 5G era.

Keywords: Digitalization; Service-oriented Manufacturing; XJ Schindler

Abstract: As a traditional enterprise focusing on food machinery manufacturing, Wanjie Intelligent Technology Co. , Ltd. has been actively practicing digital transformation in the face of major development opportunities in digital economy development, formulating digital transformation strategy based on itself, transforming R&D and manufacturing mode and marketing mode, and digitally integrating the industrial chain. It has developed intelligent fresh and wet noodle machine, intelligent cooked noodle machine and other products, implemented Wanjie Intelligent 5G intelligent future noodle house project, built future noodle house IOT service platform, etc. , and finally transformed and upgraded into a national high-tech enterprise integrating R&D, production, sales and service, and became a leading enterprise in manufacturing and service of intelligent noodle making staple equipment in China. In the future, in order to continue to promote digital transformation, the enterprise has set clear further plans and goals, and intends to protect them from improving management concepts and systems, optimizing the evaluation index system of business processes, and improving talent training and performance assessment mechanism.

Keywords: Digital Transformation; Food Machinery; Wanjie Intelligent Technology

Abstract: Facing the digital wave sweeping all aspects of the economy and society, Zhengzhou Daxin Home actively embraces digital transformation, carries out early informationization, networking and intellectualization transformation, and gradually grows and transforms into a leader in the intelligent home industry. Dahshin Home digital transformation reshapes the concept of business activities, activities, organizational model, etc., and makes comprehensive use of various digital technologies, with "modular thought" as the core, "distributed" as the production method, and self-developed software as the digitalization of information. In the process of promoting digital transformation, the company has been able to achieve large-scale personalization while greatly improving production efficiency. In the process of promoting digital transformation, enterprises encountered personalized design market demand is not easy to meet, design to production of the whole chain of application software development by foreign restrictions and other problems, the next step is to seek a breakthrough from increasing the application of domestic industrial design software development, frame the home personalized customization infrastructure platform, promote the home personalized customization business service system construction, and so on.

Keywords: Digital Transformation; Intelligent Manufacturing; Modularity

皮书

智库成果出版与传播平台

✧ 皮书定义 ✧

皮书是对中国与世界发展状况和热点问题进行年度监测，以专业的角度、专家的视野和实证研究方法，针对某一领域或区域现状与发展态势展开分析和预测，具备前沿性、原创性、实证性、连续性、时效性等特点的公开出版物，由一系列权威研究报告组成。

✧ 皮书作者 ✧

皮书系列报告作者以国内外一流研究机构、知名高校等重点智库的研究人员为主，多为相关领域一流专家学者，他们的观点代表了当下学界对中国与世界的现实和未来最高水平的解读与分析。截至 2022 年底，皮书研创机构逾千家，报告作者累计超过 10 万人。

✧ 皮书荣誉 ✧

皮书作为中国社会科学院基础理论研究与应用对策研究融合发展的代表性成果，不仅是哲学社会科学工作者服务中国特色社会主义现代化建设的重要成果，更是助力中国特色新型智库建设、构建中国特色哲学社会科学“三大体系”的重要平台。皮书系列先后被列入“十二五”“十三五”“十四五”时期国家重点出版物出版专项规划项目；2013~2023 年，重点皮书列入中国社会科学院国家哲学社会科学创新工程项目。

权威报告·连续出版·独家资源

皮书数据库

ANNUAL REPORT(YEARBOOK) DATABASE

分析解读当下中国发展变迁的高端智库平台

所获荣誉

- 2020年，入选全国新闻出版深度融合发展创新案例
- 2019年，入选国家新闻出版署数字出版精品遴选推荐计划
- 2016年，入选“十三五”国家重点电子出版物出版规划骨干工程
- 2013年，荣获“中国出版政府奖·网络出版物奖”提名奖
- 连续多年荣获中国数字出版博览会“数字出版·优秀品牌”奖

皮书数据库

“社科数托邦”
微信公众号

成为用户

登录网址www.pishu.com.cn访问皮书数据库网站或下载皮书数据库APP，通过手机号码验证或邮箱验证即可成为皮书数据库用户。

用户福利

- 已注册用户购书后可免费获赠100元皮书数据库充值卡。刮开充值卡涂层获取充值密码，登录并进入“会员中心”—“在线充值”—“充值卡充值”，充值成功即可购买和查看数据库内容。
- 用户福利最终解释权归社会科学文献出版社所有。

数据库服务热线：400-008-6695
数据库服务QQ：2475522410
数据库服务邮箱：database@ssap.cn
图书销售热线：010-59367070/7028
图书服务QQ：1265056568
图书服务邮箱：duzhe@ssap.cn

社会科学文献出版社 SOCIAL SCIENCES ACADEMIC PRESS (CHINA) 皮书系列
卡号：396822493934
密码：

基本子库
SUB DATABASE

中国社会发展数据库（下设 12 个专题子库）

紧扣人口、政治、外交、法律、教育、医疗卫生、资源环境等 12 个社会发展领域的前沿和热点，全面整合专业著作、智库报告、学术资讯、调研数据等类型资源，帮助用户追踪中国社会发展动态、研究社会发展战略与政策、了解社会热点问题、分析社会发展趋势。

中国经济发展数据库（下设 12 专题子库）

内容涵盖宏观经济、产业经济、工业经济、农业经济、财政金融、房地产经济、城市经济、商业贸易等12个重点经济领域，为把握经济运行态势、洞察经济发展规律、研判经济发展趋势、进行经济调控决策提供参考和依据。

中国行业发展数据库（下设 17 个专题子库）

以中国国民经济行业分类为依据，覆盖金融业、旅游业、交通运输业、能源矿产业、制造业等 100 多个行业，跟踪分析国民经济相关行业市场运行状况和政策导向，汇集行业发展前沿资讯，为投资、从业及各种经济决策提供理论支撑和实践指导。

中国区域发展数据库（下设 4 个专题子库）

对中国特定区域内的经济、社会、文化等领域现状与发展情况进行深度分析和预测，涉及省级行政区、城市群、城市、农村等不同维度，研究层级至县及县以下行政区，为学者研究地方经济社会宏观态势、经验模式、发展案例提供支撑，为地方政府决策提供参考。

中国文化传媒数据库（下设 18 个专题子库）

内容覆盖文化产业、新闻传播、电影娱乐、文学艺术、群众文化、图书情报等 18 个重点研究领域，聚焦文化传媒领域发展前沿、热点话题、行业实践，服务用户的教学科研、文化投资、企业规划等需要。

世界经济与国际关系数据库（下设 6 个专题子库）

整合世界经济、国际政治、世界文化与科技、全球性问题、国际组织与国际法、区域研究 6 大领域研究成果，对世界经济形势、国际形势进行连续性深度分析，对年度热点问题进行专题解读，为研判全球发展趋势提供事实和数据支持。

法律声明